Jean-Pierre Esse

Telle mère- tel fils

Jean-Pierre Esse

Telle mère- tel fils

Éditions Muse

Imprint
Any brand names and product names mentioned in this book are subject to trademark, brand or patent protection and are trademarks or registered trademarks of their respective holders. The use of brand names, product names, common names, trade names, product descriptions etc. even without a particular marking in this work is in no way to be construed to mean that such names may be regarded as unrestricted in respect of trademark and brand protection legislation and could thus be used by anyone.

Cover image: www.ingimage.com

Publisher:
Éditions Muse
is a trademark of
International Book Market Service Ltd., member of OmniScriptum Publishing Group
17 Meldrum Street, Beau Bassin 71504, Mauritius
Printed at: see last page
ISBN: 978-620-2-29085-2

Roman

TELLE MERE -TEL FILS!

Jean-Pierre ESSE

Je dédie ce livre à mon bien-aimé père! Par sa vie de renoncement à lui-même au profit des desseins de Dieu et de son prochain, il nous a montré un chemin à suivre, le même que lui traça, naguère, sa mère à lui. Nous parlons bien de ce glorieux chemin que l'on emprunte uniquement la main sur le cœur. Certes, c'est un chemin parsemé de ronces et d'épines susceptibles de nous contrarier de prime abord, lorsqu'on en vient à être confronté. Mais pas plus, heureusement! Parce qu'en définitive, la douleur s'estompe progressivement sous l'effet des soins régénérateurs du Seigneur-Dieu. Après quoi, notre vie en vient à s'inscrire exclusivement dans une perspective divine. Mille mercis à lui et, par ricochet, à feue Mo-Houssou, sa sainte mère!

Chapitre I : Un fils et sa mère

Le regard perçant et la foulée alerte pour sa cinquième année qu'il amorçait à peine, Kouassi suivait au pas, Mo-Houssou, sa débonnaire de mère. Elle s'en allait à Damdabo, au campement familial, situé à dix kilomètres d'Attanou, le village de son cher époux où elle vivait désormais. Elle s'y rendait dans l'optique de se procurer des denrées alimentaires qu'elle y avait à foison. Son unique but : agrémenter les papilles gustatives des missionnaires américains qui séjournaient à leur domicile.

Mo-Houssou s'en serait voulu de ne pas dérouler le tapis rouge aux hôtes de son conjoint, de surcroit, des hommes de Dieu. Elle se devait de les recevoir dignement, non seulement, parce qu'il était dans sa nature d'agir ainsi. Mais, aussi et surtout, parce qu'elle aimait plus que tout au monde, leur mandant, le Dieu créateur des cieux et de la terre. Tant pis pour la longueur du tronçon qu'elle se devait de braver en parcourant, à pied, un si long trajet : vingt kilomètres en aller et retour.

Dans ce campement perdu dans les confins de cette forêt dense, Mo-Houssou avait à cœur de s'approvisionner en légumes et en fruits de toutes sortes. Elle avait aussi l'intention d'y déterrer quelques tubercules avec lesquelles elle prévoyait concocter des plats riches et variés tout le temps que durerait le séjour desdits missionnaires : une semaine au total.

En effet, Mo-Houssou ne concevait jamais de recevoir des étrangers sans leur offrir des mets raffinés d'une grande délicatesse de goût. De surcroît quand il était question des serviteurs de l'Eternel qu'elle aimait tant et pour qui elle n'avait que d'yeux. Il lui fallait absolument faire plaisir à ces hommes de Dieu qui les honoraient en posant leurs valises en leur modeste demeure. Pour ce faire, Mo-Houssou était disposée, avant toutes choses, à leur faire don de sa personne. C'est ce qui explique qu'elle ait entrepris de parcourir cette longue distance à laquelle elle serait rudement confrontée en se rendant dans ce lointain campement.

Lorsque Kouassi sut que sa mère s'en irait seule, si loin, il retint son souffle un instant. Quand, finalement, il consentit à aspirer un bol d'air pour oxygéner ses poumons qui en redemandaient, il se promit à lui-même de l'accompagner quoi qu'il lui en coûte. Rien qu'à l'idée de l'imaginer sur cette piste qui serpentait, à n'en point finir, au cœur de cette forêt noire, Kouassi eut aussitôt l'appétit coupé. A la vérité, il aimait profondément sa mère, tant et si bien, qu'il se sentait pour elle l'âme de protecteur. Mais, il était persuadé que s'il lui avouait qu'il avait l'intention de lui gratifier de sa compagnie, elle s'y opposerait fermement pour ne pas l'exposer aux aléas de ce trajet. Alors, il fit le choix de s'éclipser pour la devancer, un peu plus loin, à une distance où il serait difficile à sa mère de l'éconduire lorsqu'elle le verrait.

Loin derrière lui, à leur domicile, Mo-Houssou s'était hâtée de prendre sa bassine, celle des grandes récoltes qu'elle tint fermement accolée à sa hanche. Ensuite, elle entreprit sa longue marche sur ces kilomètres de piste qu'elle percevait, non pas, comme un facteur entravant, mais plutôt comme un allié avec lequel elle se devait de collaborer pour accomplir efficacement sa mission. La mine préoccupée qu'elle affichait n'avait rien à voir ni avec la distance en question ni même avec les efforts extrêmes qu'elle se devait de fournir pour rallier Damdabo. Son souci était bien ailleurs : elle dénombrait sur l'écran de ses pensées tout ce qu'elle avait dans ce champ qui serait susceptible de faire plaisir aux visiteurs de son cher époux. L'expression de son visage était plutôt celle d'une femme qui était résolue à tout braver pour obéir aux préceptes de son Dieu. Mo-Houssou s'était également assignée cette mission pour rehausser l'image de N'dja Paul, son époux, par ailleurs, chef de la communauté chrétienne de l'église de l'alliance d'Attanou. Aussi, ce dernier s'était-il gardé de l'en dissuader parce qu'il savait qu'ainsi, il lui gâcherait la journée. A dire vrai, Mo-Houssou n'était heureuse que lorsqu'elle se pliait en quatre pour réjouir le cœur de Dieu et celui de son prochain et c'était bien ce qu'elle avait entrepris de faire.

Quand elle fut finalement sur la piste qui la conduisait à Damdabo, elle s'imposa préalablement une allure modérée pour économiser son souffle et venir progressivement à bout de ce trajet qui s'étalait indéfiniment devant elle. Par la suite, elle accéléra ses foulées lorsqu'elle estima avoir suffisamment préparé son cœur à affronter ce défi et soutenir ses efforts. Sur sa lancée, Mo-Houssou marchait le regard rivé droit devant elle. C'est à peine qu'elle faisait attention aux bruits qu'elle entendait, çà et là, sur son passage. Elle était certaine d'une chose : tant que tous les actes qu'elle serait amenée à poser s'inscriraient dans la volonté parfaite de Dieu, parce que consignés noir sur blanc dans la Bible, elle n'avait rien à craindre ni des hommes, ni même des animaux féroces qui étaient pourtant légions dans cette forêt. Mo-Houssou était habitée par ce sentiment, convaincue, qu'elle était, de bénéficier de la protection toute-suffisante de l'Eternel, son Dieu.

En effet, depuis sa conversion au christianisme, elle était animée par la conviction que Dieu l'avait flanquée de deux puissants anges-gardiens pour lui assurer une protection rapprochée. C'est donc le plus sereinement du monde qu'elle marchait à grandes enjambées dans cette forêt pourtant inhospitalière à bien d'égard. Dans cet élan, Mo-Houssou avançait progressivement vers une termitière, au détour de son chemin. Obnubilée par le souci d'accomplir sa noble mission, elle avalait, centimètres après centimètres, chaque portion dudit tronçon. Dans cet élan, elle passa la termitière en question sans réaliser que quelqu'un s'y était blotti et l'épiait. Toutefois, une forte impression l'habita soudainement au point de lui donner littéralement la chair de poule. Mo-Houssou sentit, en effet, comme une présence dans les environs et marqua une halte pour en scruter chaque périmètre. Ainsi, se retournant sur sa droite, elle aperçut un jeune garçon accroupi derrière ladite termitière. N'envisageant point l'éventualité que Kouassi, son fils, puisse se retrouver là, seul, en un lieu si éloigné du village, elle prit peur. Dans cette mouvance, elle invoqua à haute et intelligible voix le secours de l'Eternel. C'est alors que Kouassi se releva pour la rassurer que c'était bien lui et qu'elle n'avait point besoin de déranger son Dieu pour si peu.

- Mère! C'est moi, Kouassi, ton fils, lui avait-il répondu.
- Kouassi! S'exclama-t-elle. Que fais-tu là et comment se fait-il que tu en sois à te retrouver si loin du village où il m'a semblé t'y avoir laissé, il y a peu?
- C'est plutôt moi qui t'y ai laissé, lui répondit-il fièrement.
- Tu m'y as laissée? Comment cela se pourrait?
- J'ai couru pour te devancer parce que je me suis promis de ne point te laisser t'en aller seule à Damdabo, avec tous les risques

que tu es susceptible d'encourir. C'est pourquoi, autant que je te prévienne maintenant : si tu veux, bas-moi et traine-moi pour me ramener au village. Mais il est hors de question que je te laisse t'en aller seule dans ce campement aux fins fonds de cette forêt noire. Je t'aime trop pour te laisser courir, seule, un tel danger.

Mo-Houssou n'en revenait pas d'entendre son fils lui parler avec tant de conviction et de fermeté pour lui témoigner, en définitive, son amour. En somme, une façon de lui dire que si elle consentait à exposer sa vie pour faire plaisir à de parfaits inconnus, il le pouvait davantage pour elle, sa précieuse et bien-aimée mère.

Entendre Kouassi lui confesser que pour tout l'or du monde, il ne consentirait à la laisser seule parce que préoccupé par sa sécurité avait envahi Mo-Houssou d'une intense émotion. Elle n'en revenait pas qu'il ait eu à l'idée de prendre une telle initiative, rien que pour elle. Alors, son cœur de mère ne put s'empêcher de frémir et de battre la chamade autant par fierté que par anxiété. Par fierté parce qu'elle était émue par cet acte d'amour manifesté à son égard. Par anxiété parce qu'inquiète de devoir le faire marcher sur cet interminable trajet. Embêtée néanmoins d'avoir déjà parcouru une certaine distance, Mo-Houssou dût se résoudre à poursuivre son chemin en compagnie de son fils. Dans cette optique, elle lui tint fermement la main et, sans mot dire, l'entraina dans son élan. Cependant, après quelques rapides foulées, elle crut bon de s'imposer une halte pour lui faire la mise au point suivante :

- Ne t'avise plus de reprendre ce que tu viens de faire aujourd'hui, sinon, tu sauras véritablement de quel bois je me chauffe! Si tu crois que Damdabo c'est la porte d'à côté, tu te trompes grandement. Tu as donc intérêt à te préparer psychologiquement pour braver cette longue distance à laquelle nous serons confrontés parce qu'elle ne sera pas de tout repos. Acheva-t-elle de lui dire.

- Je sais que Damdabo est à un lustre d'ici, mais tant que je suis avec toi, la distance m'importe peu, lui rétorqua Kouassi.
- C'est bien ce que nous aurons tout le loisir de vérifier. Mais autant te prévenir, je ne te mettrai point au dos même si exténué tu m'en faisais la requête! Menaça Mo-Houssou.
- Qui est ce qui t'a dit que j'ai l'intention de me faire porter au dos? Que dirais-tu d'un enfant qui s'est promis d'accompagner sa mère pour la protéger, si par la suite, il devait se retrouver perché sur son dos ? C'est peut-être toi qui me supplieras de te venir en aide.
- Pour quelle raison te supplierais-je? Pour que toi, encore un enfant, tu me mettes au dos? S'enquit Mo-Houssou.
- Non, voyons! J'ai beau être téméraire, il ne me viendrait jamais à l'idée d'oser pareil défi. Je faisais allusion à la lourde charge à laquelle tu serais confrontée sur le chemin du retour.
- A ton âge, quel bagage es-tu susceptible de porter qui pourrait véritablement alléger ma charge?
- Même si je portais une igname, ça vaudra son pesant d'or quand tu grinceras les dents et que tu froisseras la mine sous le poids des bagages qui auront tendance à te broyer les reins. C'est pourquoi, retiens que je t'accompagne uniquement pour te protéger. Il est donc hors de question que je sois amené à faire autre chose.
- Je saurai m'en souvenir et je n'oublierai pas, non plus, que Monsieur, mon ange-gardien, m'accompagne uniquement pour assurer ma protection.
- Cela dit, hâtons-nous de partir! Je te suis au pas pour t'avoir à l'œil. Reprit Kouassi.

- Non, il est hors de question que je te précède! Je préfère que tu sois juste devant moi ainsi, je serais plus rassurée.
- Si, éventuellement, je suis devant toi, je serai susceptible de te ralentir. Je préfère être derrière et te tenir la main. Ainsi, chacun de nous y trouvera son compte. Je protègerai tes arrières et toi tu me porteras à l'avant, avec l'assurance que nous sommes liés par ta poignée ferme me tenant la main.

Mo-Houssou lui gratifia son éternel sourire candide tout en lui caressant la chevelure, lui exprimant de la sorte sa reconnaissance pour tout l'amour qu'il lui témoignait. Ensuite, elle empoigna solidement sa main et poursuivit son chemin. A une certaine distance, elle eut l'impression que le poids de Kouassi avait décuplé et qu'il la tirait vers l'arrière. Elle comprit qu'il était fatigué et qu'il trainait, assurément, les pas pour cette raison. Alors, elle fit une halte, le dévisagea un moment, et lui fit cette adresse :

- Il me semble que mon ange-gardien est épuisé! Pourrait-il consentir à ce que je le porte au dos pour lui permettre de souffler, un tant soit peu?
- Qui est-ce qui t'a dit que je suis épuisé? Lui répondit Kouassi, son orgueil d'homme visiblement fouetté.
- Je te sens de plus en plus m'attirer vers l'arrière et ce n'est pas anodin. C'est assurément la preuve que tu commences à subir le poids de la fatigue. Toute chose qui te fait trainer les pas.
- Il ne t'ait pas venu à l'idée que c'est parce que tu ralentis, toi-même, tes pas que tu as cette impression?
- Eh Kouassi! Avale ta satanée fierté d'homme qui vous pousse, grand comme petit, à penser qu'une femme ne fait jamais le poids face à vous. Consens à ce que je te porte au dos pour te permettre de souffler quelque peu!

Kouassi marqua un arrêt, la dévisagea, un instant, et lui dit :

- Tu y penses sérieusement! Non, il n'en est pas question! Il m'arrive quelquefois de scruter la nature derrière nous pour assurer tes arrières comme je te l'ai promis. Cela peut expliquer que je te ralentisse par moment. Sinon, il n'en est rien, en réalité.
- En es-tu sûr?
- Absolument!

Mo-Houssou, à son tour, fit une halte, le menaçant de son index droit et s'écria :

- Eh jeune homme ! Je te préviens. Ne t'entête pas de me faire plaisir pour tomber malade ensuite, car si cela advenait, je ne te le pardonnerais pas.
- Rassure-toi, mère! Si je ressens le besoin de me donner un peu de répit, je te le dirai, assurément. Pour l'heure, hâtons-nous de poursuivre notre chemin, car nous aurons tout le temps de nous reposer une fois à destination.
- Nous reposer! C'est en cela que tu te trompes. Je ne vais pas à Damdabo pour me reposer. J'y vais pour m'approvisionner et revenir aussitôt, car je dois absolument faire à manger aux serviteurs de Dieu qui nous font l'honneur de leur visite.
- C'est plutôt toi qui tu te trompes parce que ma mission se résume strictement à te protéger. C'est pourquoi, je serai susceptible de m'accorder un temps de repos, lorsque tu te mettras à la tâche à Damdabo.

De sa voix emprunte de tendresse comme elle seule en a le secret, Mo-Houssou reprit :

- O mon ange-gardien ne compte-t-il pas m'aider également pour la cueillette?
- Non, je suis désolé ! Ma mission n'est nullement élargie à cet aspect des choses.

- Ah bon! Ta réponse me donne sérieusement à réfléchir. Je me demande bien si un ange est susceptible de s'opposer à une requête de la fille bien-aimée de Dieu que je suis. Plaisanta Mo-Houssou.
- Oui! Quand celle-ci a tendance à abuser de la bonté de celui-ci.
- Si j'ai bien compris mon ange-gardien, il ne compte s'en tenir qu'à sa stricte mission. C'est bien cela?
- Oui, ça ne peut pas être plus clair. Je me dois de respecter, à la lettre, les consignes reçues de Dieu en rapport avec ma mission.
- Ah! J'ai failli oublier qu'il s'agissait bien d'une mission divine. Dans ce cas, que puis-je en dire? Au moins, tu es là et c'est rassurant.
- Il va de soi qu'il en serait toujours ainsi! Ne l'oublie jamais, mère! Je serai toujours là pour toi.
- Mère, as-tu dis? Comment se fait-il que mon ange-gardien en soit amené à m'appeler de la sorte? Ai-je le pouvoir d'engendrer un ange?

Kouassi se gratta délicatement la tête pour lui signifier qu'il ne savait quoi répondre à sa pertinente question. Alors, elle reprit la parole et le chahuta quelque peu :

- Monsieur mon ange-gardien serait-il à court d'idées? A moins, qu'à la vérité, il n'en soit pas un! S'exclama-t-elle.

Kouassi lui gratifia son radieux sourire hérité d'elle et ne put s'empêcher de lui faire cette confidence :

- Tu sais, N'mo! Je t'aime si fort que si j'en avais le pouvoir, je deviendrai véritablement ton ange-gardien.
- Je le sais, mon fils. D'ailleurs, j'ai toujours su que j'ai du prix à tes yeux. C'est la raison pour laquelle je te suis infiniment reconnaissante de me porter aussi chèrement dans ton cœur.

Ces échanges, par intermittence, entre Mo-Houssou et son fils sur ce long trajet, leur permirent de parcourir kilomètres après kilomètres, sans véritablement le réaliser, jusqu'à destination. Pourtant, une fois à Damdabo, Mo-Houssou se mit aussitôt à la tâche. Quant à Kouassi, il s'était permis un moment de répit pour évacuer toute la fatigue qu'il ressentait dans ses pieds. Etalé, de tout son long, sous le feuillage d'un gros arbre, il se reposa une demi-heure durant. Après quoi, il entreprit de soulager sa mère en l'aidant à la cueillette des légumes à laquelle, elle s'adonnait. Mais grande fut sa surprise de voir Mo-Houssou s'emporter et le réprimander. En effet, en mère aimante qu'elle était, Mo-Houssou pouvait aussi faire preuve de fermeté quand cela s'avérait nécessaire. Ainsi, s'étant redressée de tout son mètre soixante-cinq, elle lui hurla en ces termes :

- Il est hors de question que tu en viennes à me prêter main forte! Repose-toi, car le trajet retour sera encore plus pénible et je ne veux pas regretter d'avoir consenti à te permettre de m'accompagner.

Kouassi connaissait bien cette expression qu'il lisait sur le visage de sa mère. Il la savait bonne et prévenante, mais il savait aussi qu'elle devenait intraitable et résolue face à tout ce qui était de nature à mettre en péril la santé et la vie de ceux qu'elle aime. Kouassi avait compris qu'il venait de franchir la fameuse ligne rouge imaginaire. Cette ligne qu'il se devait pourtant de ne jamais outrepasser sous peine de réprimandes ou quelques rares fois, de bastonnades quand la faute le nécessitait véritablement. Alors, pour décrisper l'atmosphère et détendre sa mère, il lui rétorqua :

- Qui est-ce qui t'a dit que je veux véritablement t'aider? J'ai voulu te tester pour voir si, informée néanmoins du cahier de charges de ma mission, tu consentirais à ce que je t'aide.

- Eh bien! Tu viens de t'en faire une idée et tu sais maintenant que pour tout l'or du monde, je ne t'épuiserais à la tâche au point de te rendre malade. Déjà que je redoute pour toi le parcours retour, il ne me viendrait jamais à l'idée de te permettre de faire quoi que ce soit d'autre en dehors de ta stricte mission. N'est-ce pas, toi-même, qui me l'as rappelé, à l'instant?
- Ça va! Ça va! Je vais me taper un somme pour reprendre des forces. Réveille-moi, quand tu auras fini.

Sur ce, Kouassi se réinstalla sous le gros arbre au feuillage dense et ombragé, feignant de dormir et même de ronfler. Mo-Houssou ne put s'empêcher d'éclater de rire, le visage rayonnant. Kouassi qui l'observait discrètement du coin de l'œil était aux anges de la voir abhorrer son radieux sourire qui lui mettait tant de baume au cœur. Si cela ne tenait qu'à lui, il la mettrait bien souvent dans cet état là parce qu'à la vérité, rien ne le réjouissait autant que de voir sa mère détendue et heureuse.

Rapidement, mais avec tout le sérieux et toute la minutie qui la caractérisait, Mo-Houssou paracheva sa cueillette des condiments aussi variés qu'ils étaient. Ensuite, elle s'attela à déterrer quelques tubercules, en majorité des ignames, qu'elle rangea soigneusement dans sa bassine. Après quoi, elle réveilla Kouassi qui s'était assoupi et qui dormait véritablement en toute innocence.

Quand il ouvrit finalement les yeux et vit que sa mère le réveillait pour le départ, il se releva et s'étira longuement. Ensuite, il se rapprocha d'elle pour l'extirper du silence dans lequel elle s'était à nouveau enfermée.

- Ne t'avais-je pas dis que tu aurais besoin de moi pour te prêter main forte? J'ai hâte de voir comment tu t'y prendras! Lui lança-t-il, un sourire narquois aux lèvres.
- A quoi fais-tu allusion? Demanda Mo-Houssou.

- A la charge, voyons! Crois-tu que, seule, tu pourrais porter cette bassine chargée, à l'excès, comme elle est?

N'mo fixa la bassine un moment comme si ce n'est que maintenant qu'elle venait de se rendre compte de sa surcharge.

- Ah oui! Ta question est pertinente. Je dois bien avouer que je n'y avais pas pensé étant donné qu'habituellement, il y a toujours quelqu'un pour me charger. Mais, une fois n'est pas coutume, je te verrai bien me prêter main forte.
- Eh! La fille bien-aimée de Dieu aurait-elle la mémoire courte? N'est-ce pas elle qui m'engueulait, tout à l'heure, lorsque j'avais feins de l'aider?

Face à la réaction de son fils, Mo-Houssou lui dit :

- O dis-moi sincèrement! Es-tu, oui ou non, un ange de Dieu?
- Quelle question? Bien sûr que j'en suis un! En douterais-tu?
- Oui! Le doute m'habite de plus en plus de te voir refuser ta précieuse aide à la fille bien-aimée de Dieu que je suis. Cela me donne sérieusement à douter de ce statut d'ange-gardien dont tu te prévaux. N'oublie pas que c'est aussi pour des serviteurs de ce Dieu que tu prétends servir que je suis en mission.
- Ça y est! Je te vois venir. Crois-tu que je ne sais pas que tu veux m'attendrir avec ce chantage émotionnel?
- Chantage émotionnel! Ignores-tu que c'est pour des serviteurs de Dieu que je suis ici, à Damdabo en ce moment?

Pour l'ange gardien qu'il se fait passer, Kouassi venait de réaliser que son refus de prêter main forte à la fille bien-aimée de Dieu est en inadéquation avec son prétendu statut. Alors, pour lâcher du lest, il intervint et dit :

- Dans tous les cas, je ne peux rien te promettre, car ce que tu me demandes-là n'est pas prévu dans le cadre de ma mission. Mais comme un ange du Dieu très haut même, en dépit de son jeune âge, n'en demeure pas moins un être capable de bien de choses et vu que je t'aime particulièrement, je vais me permettre d'élargir mes compétences pour y ajouter aussi celle-ci.

- Ah ça, je ne le savais pas! S'écria Mo-Houssou.
- Qu'est-ce que tu ne savais pas?
- Qu'un ange avait la latitude d'étendre, lui-même, le champ de sa mission. Mais, à ce que je vois, j'ai affaire à un ange exceptionnel avec des prérogatives exceptionnelles. Merci donc pour la faveur que tu me fais, Monsieur mon Ange-gardien!
- De rien, femme! Tu le mérites assurément.

Après quoi, Mo-Houssou s'était accroupie pour se saisir de la bassine, invitant Kouassi, du regard, à l'imiter. Mais alors que ce dernier lui emboitait le pas, elle se redressa soudainement et s'écria :

- Je me demande bien si mon ange-gardien est réellement susceptible de m'aider à porter ma charge. Il est si jeune et si frêle d'apparence.

Sereinement, Kouassi se baissa et empoigna la bassine, non sans lui dire :

- Ne fais pas attention à mon aspect physique. Ne sais-tu pas que ton ange-gardien a fait le choix de prendre l'apparence d'un enfant, mais qu'à la vérité, c'est un géant revêtu de puissants pouvoirs?
- O ce détail également a failli m'échapper!
- Soit! Je vais t'en donner la preuve. Acheva de lui répondre Kouassi qui, ensuite, banda ses muscles, les lui brandit un instant, et lui dit :
- Même si tu ne peux pas me voir tel que je suis réellement, regarde au moins ces muscles d'homme mature que j'abhorre.

N'mo tomba de rire quelques instants et lui dit :

- Des muscles d'homme mature! Je vois plutôt, là, des muscles frêles et chétifs à l'instar de ceux d'un moineau. D'ailleurs, cela annihile le peu d'espoir que je fonde sur la possibilité que tu puisses réellement me venir en aide. Si j'étais à ta place, je ne me hasarderais pas à vendre la peau de l'ours avant de l'avoir tué. A la vérité, la corpulence d'enfant que tu abhorres n'est-il pas suffisamment éloquent pour me faire comprendre que tu nages effectivement encore dans l'enfance? Dans ce cas, serait-ce possible que tu puisses accomplir ce qui relève d'une personne mature?
- On voit bien que tu ne connais pas grande chose des anges-gardiens!
- Soit, je te le concède! C'est pourquoi, l'ignorante que je suis va se contenter de t'observer à la tâche pour s'en faire sa propre opinion. Pour une fois, je vais me permettre d'imiter Thomas, le disciple du Christ, en touchant préalablement du doigt cette vérité que tu veux me faire gober, avant d'y croire.
- Tu ne me fais donc pas confiance? S'écria Koumassi.
- Confiance ou pas, vérifions-le à la tâche! Attèle-toi plutôt à me porter cette bassine qui est quasiment pleine et qui demande, hélas, ton soutien. J'ai vraiment sous-estimé le poids des tubercules. Je ne les imaginais pas aussi lourdes.
- Et si je te déchargeais de deux d'entre elles, les plus lourdes, s'entend!
- C'est l'ange-gardien qui me parle ou c'est le fils parce que s'il s'était agi du premier, il ne m'aurait jamais préconisé cette solution de facilité?
- Non, c'est le fils qui te parle maintenant!
- Dans ce cas, mon cher fils serait-il en train de me démontrer son incapacité à charger une femme, petite et frêle de surcroit, de

cette bassine quasiment pleine qu'elle va pourtant s'atteler à porter sur des kilomètres?

- Non, tu ne m'as pas compris! Je veux te décharger de deux ignames que je porterai, moi-même, après t'avoir préalablement chargé de ta bassine.
- Ne racontes pas n'importe quoi et attèle-toi plutôt à me charger. Est-ce que l'homme que tu prétends être en serait capable?
- Je ne te promets rien mais, attelons-nous à essayer car, sait-on jamais!
- Non, n'essaie pas! Charge-moi. A moins que tu ne sois plus un homme.

Kouassi parut tout à coup préoccupé parce qu'il redoutait de ne pas être à la hauteur des attentes de sa mère. Mais habité par la rage de réussir et de lui faire plaisir, il empoigna solidement la bassine et lui dit :

- Je suis prêt. C'est quand tu veux!

Finalement, c'est péniblement, mais résolument que Kouassi épaula Mo-Houssou qui s'était suffisamment abaissée pour lui permettre de lui porter le récipient sur la tête. Au bout du compte, fier d'avoir réussi, Kouassi lui dit :

- Tu vois, mère! J'ai joint l'acte à la parole. Avoue que tu n'y croyais pas!
- C'est vrai, je l'avoue. J'avais effectivement quelques doutes. A ce que je vois, on dirait que tu deviens véritablement un homme!
- On dirait?
- Soit, je te le concède! Mon fils est devenu un homme maintenant et pas n'importe lequel, un homme à l'image de Dieu, un homme bon et puissant!
- Tu penses vraiment ce que tu dis?

- Pourquoi ne le penserais-je pas? Tu me connais suffisamment pour savoir que je dis toujours ce qui me vient du fond du cœur.
- Je le sais! C'est pourquoi je suis très touché par ce compliment de ta part si élogieux.
- Je le pense sincèrement! Ta bonté est à la ressemblance de notre père céleste.

A entendre ce que Kouassi considérait comme le plus grand compliment de la part de sa mère l'amena à lui gratifier de son plus radieux sourire. Ensuite, à la queue leu-leu, la mère et le fils entreprirent le chemin du retour à Attanou. Mo-Houssou lui ayant ordonné de la précéder avec, à la clé, cette explication :

- Etant donné que la charge de la bassine réduira assurément mes foulées, passe devant afin de t'avoir dans mon champ de vision.

Kouassi voulut réagir à la proposition de sa mère, mais le regard de loup qu'elle lui jeta ensuite lui permit de comprendre qu'elle n'était plus disposée à plaisanter. En effet, sérieusement oppressée par le poids de la charge qu'elle portait sur la tête, elle avait visiblement perdu son sens de l'humour. Alors, Kouassi se tut aussitôt et poursuivit son chemin. Ainsi, l'un après l'autre, dans un silence de cimetière, ils avancèrent les visages marqués par l'effort.

Bien qu'exténué, Kouassi était cependant fier d'avoir pu accompagner sa mère et de lui avoir été utile. Il voulut le lui dire, mais il savait que l'heure n'était ni à la plaisanterie ni encore moins aux confidences. Les traits tirés du visage de Mo-Houssou qu'il voyait bien, chaque fois qu'il se retournait pour la dévisager, ne s'y prêtaient point, en effet. Il la voyait souffrir sous le poids de la bassine chargée à l'excès et souffrait autant qu'elle de la voir ainsi. Il aurait, en effet, souhaité être plus grand et plus robuste pour lui alléger sa charge, mais hélas! Il en vint alors à réfléchir sur l'attitude de sa mère. La voir souffrir ainsi parce que soucieuse de faire plaisir à de parfaits inconnus lui donna sérieusement matière à méditer. C'est alors qu'il se souvint de cette remarque que son père faisait bien souvent à sa mère sur cette quête inlassable qu'elle avait de faire du bien à autrui, parfois même à son détriment. A Mo-Houssou, N'dja Paul aimait à dire ce qui avait fini par être une sorte de rengaine et qui se résumait en ces termes : *« Il est bon d'aider autrui mais, il faut toujours le faire dans la mesure du possible, sinon notre action frise la bêtise »*.

Kouassi se rappela alors l'acte salvateur du Seigneur Jésus Christ qui consentit à mourir pour accorder aux Hommes de vivre éternellement au paradis, à la condition de se reconnaitre en son sacrifice sur la croix à Golgotha. En définitive, il en vint à tirer la conclusion suivante: *« Si ma mère vient en aide à ses semblables sans y perdre sa vie, n'est-ce pas préférable? Il est vrai qu'elle souffre terriblement du poids de la charge qu'elle porte en ce moment mais, au moins, elle ne risque pas d'en mourir!* S'était-il dit. Alors, il se retourna, une fois de plus, vers sa mère et la fixa d'un regard contemplatif. L'observant souffrir sous le poids de cette lourde charge rien que pour faire plaisir à ces missionnaires lui donna de mesurer sa grandeur d'âme et son extrême bonté qui, quoi que l'on puisse en dire, fait d'elle une sainte.

Kouassi était si fier de sa mère qu'il ressentit le besoin de le lui dire, en dépit des circonstances inappropriées. Pour se faire, il fit le choix de lui parler sans soutenir son regard. L'interpellant vivement, il marqua un silence avant de lui confesser ce qu'il avait sur le cœur et qu'il avait jugé nécessaire de lui dire :

- Mère, c'est à toi que je veux ressembler! S'était-il exclamé.

Cette affirmation qui nécessitait obligatoirement une explication donna à Mo-Houssou de faire momentanément fi du poids de sa charge pour réagir à l'assertion de son fils.

- Pourquoi voudrais-tu me ressembler? Demanda-t-elle.

- Pourquoi voudrais-je te ressembler! Bien évidemment parce que je vois que tu vis à la ressemblance du Seigneur Jésus Christ! Répondit-il à sa mère, tout en poursuivant son chemin.
- Pourquoi dis-tu que je vis à la ressemblance du Seigneur Jésus Christ? S'enquit-elle.
- Parce qu'il est mort pour que nous ayons la vie éternelle au paradis avec Dieu. Toi, tu souffres pour que ces blancs qui sont à la maison, en ce moment, aient de quoi se nourrir. Autant Jésus que toi cherchiez le bien-être d'autrui même si cela s'avérait être à votre détriment. A la seule différence que Jésus, lui, il le fait pour l'humanité et il en meure.

Mo-Houssou marqua un silence, méditant les propos for élogieux de son fils à son égard. Ensuite, pédagogue dans l'âme, elle lui répondit :

- Tu sais, je ne reçois pas ces hommes à cause de la couleur de leur peau. Je les accueille parce qu'ils sont des envoyés de Dieu. C'est la raison pour laquelle, je les reçois comme j'aurais reçu, volontiers, leur mandant lui-même. N'est-ce pas ce que le prédicateur nous a laissé entendre le dimanche dernier au culte? A moins que, distrait, cela t'est échappé.
- Non, cela ne m'a nullement échappé! Mon compliment, à ton égard, tient compte justement de cette vérité.
- Dans ce cas, je bénis Dieu qui t'aie permis de la comprendre. A la vérité, le Seigneur Jésus n'a-t-il pas dit que chaque fois que nous ferions quelque chose pour ses envoyés, c'est à lui que nous l'aurions fait? Si je souffre, comme tu le dis, c'est avant tout pour le Dieu trinitaire que je consens à souffrir ainsi.

A la chute de l'assertion de sa mère, Kouassi fit une halte inopinée, se retourna brusquement vers elle et lui dit :

- Tu vois, c'est en cela que je veux te ressembler! Acheva-t-il de lui dire, reprenant de plus bel son chemin, l'obligeant, par la même occasion, à en faire autant.

Cet ultime compliment avait définitivement boosté l'ardeur de Mo-Houssou. C'est donc plus légère et avec encore plus d'entrain, car ragaillardie par l'éloge de son fils, qu'elle le suivait au pas.

Mo-Houssou bénissait Dieu d'avoir permis à Kouassi de percevoir cette similitude avec le Seigneur Jésus et de souhaiter vivre conformément à cette valeur cardinale enseignée dans la Bible ; valeur qu'elle-même s'évertuait à appliquer à sa vie.

Cette envie de ressembler à sa mère boosta également l'entrain de Kouassi qui oublia momentanément le poids de la fatigue qu'il ressentait dans ses foulées. Ainsi, Mo-Houssou et son fils parcoururent la distance retour à l'issue de laquelle ils arrivèrent finalement à Attanou, certes exténués, mais heureux d'avoir consenti tant d'effort pour recevoir leurs illustres visiteurs.

Une fois arrivée à leur domicile et en dépit de la fatigue, Mo-Houssou s'était mise immédiatement à la tâche, à la cuisine, dans l'optique de leur concocter un succulent repas. Ce don de sa personne aux serviteurs de Dieu, elle le fit tout le temps que dura leur séjour. Aussi, avant le départ desdits missionnaires, la famille reçut-elle des présents de toutes natures. Mais ce que Mo-Houssou perçut comme le plus grand de tous les dons reçus fut la prière que l'un d'eux éleva spécialement en sa faveur. Dans un baoulé approximatif, la langue vernaculaire parlée à Attanou que Mo-Houssou comprit tout de même, il se mit à la bénir. En substance, il lui avait tenu les propos suivants : *« Puisse Dieu accorder à vos enfants, à vos petits-enfants, bref, à toute votre progéniture de bénéficier d'autant de largesse et de bienfaits dont vous nous gratifiez en ce moment! Mieux, que cela se fasse partout dans le monde entier où ils auront l'opportunité d'y mettre les pieds!»*

De telles prières dont l'impact touchait à sa progéniture valaient pour, Mo-Houssou, tout l'or du monde. Alors, son visage candide, incapable de dissimuler le moindre sentiment, se mit à se détendre progressivement à l'écoute de la prière de l'homme de Dieu. Aussi, à la chute de ladite prière, s'empressa-t-elle de répondre par un amen retentissant. Elle voulait, de la sorte, lui faire comprendre qu'elle y apportait, d'ores et déjà, son assentiment avant, qu'en dernier ressort, son Dieu n'avise et y apporte la sienne. A dire vrai, chaque fois que Mo-Houssou faisait du bien à autrui, elle n'attendait rien en retour de quantifiable. Tout ce qu'elle attendait, si attente il y avait, c'était l'approbation de son Dieu. Celle-ci étant manifestement comblée à travers la prière élevée par l'homme de Dieu en sa faveur, son visage se mit à rayonner de plus bel. Son éternel sourire radieux illumina toute la cour, à la grande joie de Kouassi qui connaissait désormais tout le sens que revêt ce sourire perceptible sur son doux visage.

Cet amour quasi passionnel que Kouassi éprouvait pour sa mère la sauva, heureusement, un jour, d'un assassinat programmé. En effet, ce jour-là, elle s'empressait de rejoindre son époux qui l'avait devancé une demi-heure plus tôt pour une course qu'il se devait d'effectuer dans un campement sur leur chemin. Kouassi voulait être de la partie, mais eu égard la dernière mise en garde de sa mère, il ne pouvait se permettre de lui jouer, une seconde fois, le tour de la termitière. Il fit donc le choix de le lui avouer. Pour se faire, il la rejoignit dans sa chambre où elle semblait y avoir égaré quelque chose. Sur un ton doux et langoureux, Kouassi lui dit :

- N'mo! Je n'ai pas oublié ta mise en garde de la dernière fois, lorsque je t'ai précédée pour t'accompagner à Damdabo. Mais, comprend-le, je ne serai point dans le repos de te voir t'en aller encore, seule, dans ce campement. Je te supplie de me laisser t'y accompagner!

- Je n'y vais pas seule, étant donné que ton père m'y a devancé et m'attend dans le premier campement sur le chemin. Il y a à faire!
- Soit! Ce campement, à ce que je sache, est aussi très éloigné du village. Avant que tu n'y arrives, tu serais amenée à être seule sur une certaine distance.
- Qui te dit que j'y vais seule? L'escorte d'anges-gardien que l'Eternel, notre Dieu, a désignée pour me protéger sera assurément de la partie.
- Certes, je ne doute pas que tu puisses bénéficier de la protection d'anges de Dieu. Mais, qu'en sais-tu? C'est peut-être eux qui me poussent à t'accompagner aussi physiquement! S'il te plait, N'mo! Laisse-moi m'en aller avec toi, je ferai tout ce que tu voudras.
- Tu en es sûr?
- Oui, je t'en fais la promesse!
- C'est d'accord. Va te chausser parce que nous partons immédiatement!

Kouassi s'exécuta aussitôt et attendit sa mère. Les instants qui suivirent, Mo-Houssou et son fils prirent le chemin de Damdabo où l'avait devancé le sieur N'dja Paul. Mais après avoir parcouru environ trois kilomètres, ils virent sortir successivement, de la forêt, trois hommes. L'un se fit voir juste devant eux. Le deuxième apparut un peu plus loin quand finalement le troisième vint à surgir derrière eux, à vingt mètres environ. Ces apparitions successives des trois individus mirent aussitôt Kouassi et sa mère en alerte maximale. Ils avaient perçu, en effet, que ces trois hommes étaient for suspects. Ce qui acheva de les convaincre que leurs intentions n'étaient pas véritablement bonnes, c'est qu'au fil de leur avancée, ils pénétraient simultanément dans la brousse et, à certains moments, en ressortaient toujours dans les mêmes dispositions. Que voulaient-ils? Avaient-ils de mauvaises intentions? Si c'était le cas, pourquoi ne passaient-ils pas à l'acte? Autant de question que Kouassi et sa mère se posaient sans en trouver réponse. Heureusement pour Mo-Houssou et son fils, ils arrivèrent dans le campement où N'dja Paul les y attendait. Le trio suspect, comme par enchantement, se volatilisa et Kouassi et sa mère n'eurent plus l'occasion de les revoir. Cependant, le soir venu, lorsque N'dja Paul, suivi de Mo-Houssou et de Kouassi retournèrent à Attanou et qu'ils arrivèrent dans le campement en question, ils furent informés qu'après leur départ, une femme qui s'en allait au champ avait échappé de peu à un assassinat. Elle n'eut son salut que grâce à la prompte intervention de quelques hommes, dans les alentours, qui avaient entendu ses appels au secours et qui vinrent à sa rescousse. Il s'agissait bien des trois hommes que virent Mo-Houssou et Kouassi lorsqu'ils étaient en chemin pour Damdabo. Appréhendés par la gendarmerie, ces derniers passèrent aux aveux. Ils confessèrent aux gendarmes qu'ils avaient été enjoints par un féticheur de leur rapporter du sang humain pour réaliser une potion sensée leur permettre de s'enrichir. Quand cette histoire parvint aux oreilles de Mo-Houssou, elle réalisa que la présence de son fils à ses côtés, ce jour-là, lui avait permis d'échapper à un assassinat. Elle en vint à déduire qu'elle avait eu la vie sauve parce que la présence de son fils, à ses côtés, avait fortement gênée les trois indélicats individus. Elle comprit que réellement l'Eternel avait mis Kouassi à cœur de faire chemin avec elle pour gêner et dissuader les trois hommes de passer à l'acte.

- Tu ne croyais pas si bien dire quand tu m'avais affirmé que c'était assurément mes anges-gardiens qui t'avaient poussé à m'accompagner. Sait-tu que ta présence a fortement gênée ces hommes et m'a ainsi évitée la mort? Tu as réellement été pour moi un ange-gardien comme tu aimes à le dire. Merci infiniment d'avoir insisté pour m'accompagner. Confia-t-elle à Kouassi.
- De rien, mère! Je suis fier de t'avoir sauvé la vie rien que par ma présence à tes côtés. Comprends-tu aujourd'hui la raison

pour laquelle j'insiste toujours pour t'accompagner dans ce campement, toutes les fois que tu éprouves le besoin de t'y rendre?

- Oui, je le comprends maintenant! Mais à bien réfléchir, tu me dois aussi des remerciements parce que si tu m'avais devancé comme tu l'avais fait la première fois, c'est peut-être toi qui aurait été leur victime.
- Oui, en effet, j'aurais pu l'être! C'est pourquoi, il serait maintenant plus indiqué d'emprunter ce chemin en famille, lui suggéra Kouassi.
- Tu n'as pas tort, mon fils, car le monde aujourd'hui renferme des hommes de tout acabit qui, pour de l'argent, sont prêts à ôter la vie à leur semblable. O que Dieu nous en préserve!
- Je ne te le fais pas dire, mère! C'est pourquoi, promet-moi de ne plus t'aventurer, seule, à Damdabo.
- C'est promis, adorable ange-gardien! Acheva de lui répondre Mo-Houssou, caressant tendrement sa cure chevelure coiffée au ras.

Ainsi, désormais, conformément au vœu de Kouassi, toutes les fois que Mo-Houssou se rendait dans ce campement, elle veillait à être accompagnée.

Chapitre II : L'envol du fils de Mo-Houssou

Quatre années plus tard, lorsque vint la rentrée des classes, Kouassi éprouva le besoin d'être inscrit à l'école, à l'instar de certains enfants de sa génération et de son village qui y étaient. A neuf ans, son âge avait même excédé quelque peu celui requis pour être inscrit au Cours Préparatoire Première année (CP1). En effet, fou de travail comme sa mère, N'dja Paul, son Père, avait fait le choix de ne point le scolariser. A la vérité, il ne voulait pas gaspiller une main d'œuvre aussi compétente et gratuite pour ses travaux champêtres, en le scolarisant. Ce que Kouassi n'entendait pas de ses oreilles. Il voulait être inscrit à l'école, non seulement, parce qu'il s'en croyait capable mais, aussi et surtout, parce qu'il voulait, par ce fait, réussir et avoir l'opportunité d'apporter un mieux-être à sa famille et à sa mère notamment.

Après plusieurs tentatives que le fils de Mo-Houssou entreprit pour amener son père à revoir sa position, il se heurtait, chaque fois, au refus systématique de ce dernier. Finalement, Kouassi dût entreprendre, lui-même, un lobbying auprès du Directeur de l'école primaire d'Attanou afin qu'il consente à l'inscrire au cours préparatoire

Première année (CP1). En effet, confronté, jour après jour, à la volonté tenace qui habitait le fils de Mo-Houssou d'aller à l'école, le Directeur dut consentir à l'inscrire pour le tester et voir s'il serait à la hauteur de ses attentes. Mais, très vite, le fils de Mo-Houssou fit montre d'une grande intelligence au point de supplanter les élèves de sa classe et tenir même la dragée haute à ceux du cours préparatoire deuxième année (CP2). En effet, du fait de l'insuffisance des salles de classe, les élèves du CP2 partageaient la même salle avec ceux du CP1. Ainsi, au cours de la même année scolaire, Kouassi passa du cours préparatoire première année à celui du cours préparatoire deuxième année. L'année suivante, il réédita le même exploit de passer du cours élémentaire première année (CE1) à celui du cours élémentaire deuxième année (CE2), comptant parmi les meilleurs d'entre eux.

Au cours moyen première année (CM1), ses résultats firent également excellents et lui permirent, à l'instar des années précédentes, d'accéder en classe supérieure encore la même année. Mais, au Cours moyen deuxième année (CM2), un obstacle de taille vint à se dresser sur son brillant parcours. Kouassi fut, en effet, confronté à un décret ministériel édicté par le ministre de l'éducation nationale d'alors de son pays. Ce décret stipulait que tous les élèves en classe de CM2 ayant une quantité de dents supérieures à la dentition normale supposée seraient éliminés d'office pour le CEPE et pour l'entrée en sixième. Après le comptage des dents qui permettait d'identifier les élèves trop âgés pour ce niveau, il en était ressorti que Kouassi avait réellement 14 ans et qu'il ne pouvait, dans ce cas-là, concourir pour le CEPE. Ainsi donc, le fils de Mo-Houssou ne fut pas admis à passer les examens, cette année-là.

Ayant eu du mal à digérer cette exclusion, Kouassi entreprit de changer d'air et s'en alla visiter son grand-frère, instituteur à Béoumi, une ville située au centre de la Côte d'Ivoire. L'année qui suivit, fort des conseils de son frère, Kouassi reprit le CM2 avec l'espoir que la mesure en rapport avec le comptage des dents ne serait plus en vigueur. Heureusement, ladite mesure fut retirée et lui permit de concourir pour le CEPE et l'entrée en sixième qu'il réussit avec brio. Par la suite, il fut orienté au lycée moderne de Béoumi en classe de sixième. Autant Kouassi survola le cycle primaire par ses excellentes moyennes autant il fit de même pour les classes de la sixième à la troisième, à la différence que dans ce cycle, il ne faisait pas deux classes la même année. Il était régulièrement major dans ces différentes classes avec toujours, à la clé, des tableaux d'honneur et des félicitations du Proviseur, un quinquagénaire de nationalité française répondant au nom de Jean-Pierre BENOIST. Ainsi, les performances scolaires exceptionnelles du fils de Mo-Houssou le révélèrent dans tout le lycée comme un élève extrêmement brillant. Dans cette optique, il fut admis à l'internat où d'importantes responsabilités lui furent confiées avec tous les avantages que cela comportait. Ce fut ainsi jusqu'à ce fameux jour où il fut confronté à cette mystérieuse trouvaille dans son sac d'école. Ce jour-là, en effet, sa classe avait un cours d'Epreuves Physique et Sportives (EPS). A l'instar de la plupart des élèves, Kouassi rangea soigneusement sa tenue d'école dans son sac et la mit dans un recoin, aux abords de l'espace de jeu. Après le cours d'EPS et alors qu'il se hâtait de reprendre sa tenue, le fils de Mo-Houssou buta sur un objet enlacé intégralement d'un fil noir. En toute innocence, il s'attela à le défaire et y vit des choses, pour le moins, bizarres qu'il ignorait. Sans y accorder plus d'importance, il les jeta à quelques distances de lui et s'en alla en classe sans s'en soucier, outre mesure.

Les semaines qui suivirent, la classe de Kouassi fut soumise à un devoir. Serein comme il était d'habitude face aux devoirs et aux interrogations parce que for studieux, le fils de Mo-Houssou mit quelques minutes pour cerner les questions et s'attelait à y répondre quand un phénomène incompréhensible se produisit. En effet, il fit l'amer constat de voir qu'il était dans l'incapacité d'écrire correctement. Le stylo qu'il tenait pourtant solidement dans la main droite semblait hors de contrôle et avait du mal à transcrire fidèlement les mots qu'il avait l'intention de coucher sur sa feuille. C'est avec peine qu'il put achever son devoir, ce jour-là. Ce fut ainsi devoirs après devoirs et interrogations après interrogations. Là, Kouassi comprit véritablement qu'il avait un sérieux problème susceptible d'influer négativement sur son rendement scolaire et partant sur son avenir. Ses résultats devenaient de plus en plus mauvais et attira l'attention de Jean-Pierre BENOIST, le proviseur du lycée. En effet, préoccupé par la baisse vertigineuse du rendement scolaire de Kouassi, ce dernier tint un conseil de classe extraordinaire pour creuser le sujet et en chercher les raisons. Malheureusement, le conseil ne trouva rien d'anormal qui pourrait expliquer cette baisse de rendement du fils bien-aimé de Mo-Houssou. Alors, le conseil en vint à conclure que les charges extrascolaires assumées par ce dernier telles que la présidence du MEECI (Mouvement des Elèves et Etudiants de Côte d'Ivoire), celle du Groupe Biblique Chrétien (GBC) et aussi celle de responsable de dortoir et d'études seraient susceptibles d'expliquer cette baisse de rendement. En fin de compte, le conseil dût le décharger de la quasi-totalité de ses responsabilités extrascolaires.

Cette thérapie, malheureusement, ne s'avéra pas efficace parce que les résultats de Kouassi baissèrent de plus belle. Ce que le conseil ignorait, c'est que le problème du fils de Mo-Houssou n'était aucunement lié aux charges extrascolaires, certes nombreuses, qu'il assumait. Son problème n'était ni d'ordre psychologique ni d'ordre social. Il était bien ailleurs et assurément d'ordre spirituel. Kouassi était omniprésent dans la vie de l'école et en plus d'être un brillant élève, il y assumait également des responsabilités qui lui conféraient, bien entendu, certains privilèges. Quelqu'un dans son entourage en aurait-il pris ombrage et fait le choix d'user de pouvoirs mystiques pour l'éteindre? Une chose était certaine, le mal de Kouassi ne survenait uniquement que lorsqu'il était confronté à une interrogation, à un devoir ou une à épreuve quelconque. A l'évidence, le sort à lui lancer visait un seul objectif : annihiler ses performances scolaires et l'extirper du fauteuil de major de la classe et de la promotion dans lequel il avait pris l'habitude de s'y installer confortablement.

Chapitre III : Résolu, même avec un plomb dans l'aile!

Dans cette grisaille dans laquelle pataugeait désormais le fils de Mo-Houssou dans le cadre de ses études, vint l'examen du BEPC, couronnement des études du premier cycle. Kouassi s'était préparé, dans la mesure du possible, à affronter cet examen. Elève studieux qu'il était, il avait assimilé la quasi-totalité de ses leçons et se savait apte à concourir. Mais, même prêt, son souci majeur demeurait : il appréhendait, en effet, le déroulement des épreuves. Non pas qu'il n'avait pas la compétence requise pour les affronter. Le hic, c'est que Kouassi se demandait s'il arriverait à coucher sur les feuilles d'examen la quasi-totalité de ses leçons qu'il connaissait pourtant du bout des doigts. Là était véritablement son problème et c'est aussi pour cette raison qu'il suppliait la grâce de ce Dieu pour qui il avait assumé les fonctions de Président du Groupe Biblique Chrétien (GBC).

Fort de la conviction qui l'animait que Dieu l'épaulerait et lui ferait la grâce de réussir, Kouassi alla concourir pour le BEPC. Ce diplôme, en son temps, valait le baccalauréat de nos jours. Réussir à ce précieux brevet vous ouvrait les portes des grandes écoles qui débouchaient systématiquement sur des emplois certains à la fonction publique. Kouassi se disait qu'il se devait d'obtenir son diplôme et se donner toutes les chances d'écourter ses études pour intégrer la fonction publique de son pays. Il était, en effet, conscient qu'il lui serait pénible de poursuivre de hautes études avec ce fameux problème qui l'empêchait d'écrire à sa guise. Pendant les épreuves du BEPC, le fils de Mo-Houssou fit un effort presque surhumain pour concourir. Certains exercices qu'il avait eu en classe et qu'il maitrisait parfaitement comptèrent, for heureusement, parmi les épreuves. Mais sa peine s'accrut davantage quand il se rendit compte qu'il lui était pénible de coucher les réponses adéquates sur sa feuille d'examen. Il les avait précisément sur l'écran de ses pensées, mais sa main droite avait du mal à transcrire fidèlement les instructions que lui transmettait sa presqu'infaillible mémoire. Cette impression qui l'habitait de voir que son bras droit s'était comme rebellé de tout son système nerveux et qu'il n'en faisait qu'à sa tête lui fit écraser quelques larmes. Mais, le fils de Mo-Houssou s'était rappelé de sa mère. Que ferait-elle si elle se trouvait à sa place? S'était-il demandé. Il la revoyait souffrir sous le poids de la grande bassine remplie de denrées alimentaires qu'elle transportait sur la tête, tremblante mais résolue. Kouassi voulait ressembler à sa génitrice et il avait l'occasion de le démontrer face à ce défi auquel il était confronté. Le souvenir de cette dernière le boosta un moment et lui permit de transcrire les réponses qu'il avait soigneusement ramenées sur l'écran de ses pensées et qu'il savait justes. Ainsi, tant bien que mal, le fils de Mo-Houssou put concourir jusqu'à la fin des épreuves.

Vint alors la période d'attente des résultats avec son lot de stress. Kouassi priait Dieu de faire en sorte que tout ce qu'il avait pu écrire suffise à le faire proclamer admis. Pendant que ses amis se demandaient s'ils avaient bien compris les sujets et les avaient traités comme il se le devait, la préoccupation de Kouassi était tout autre. Lui, il se demandait si les sujets qu'il avait pu traiter suffiraient à lui procurer le précieux sésame. Quoi qu'il en soit, le fils de Mo-Houssou priait inlassablement pour que le Dieu de sa mère permette aux correcteurs de lire aisément ce que son bras rebelle avait pu écrire de lisible. Ce bras droit indocile qui ne lui obéissait plus fidèlement.

Deux semaines après l'examen, les rumeurs envahirent la ville de Béoumi et annoncèrent, çà et là, que les résultats étaient désormais disponibles. Ce qui en rajouta au stress devenu permanent des élèves. Au fur et à mesure que les heures s'égrainèrent, d'autres précisions en étaient, sans cesse, données par on ne sait qui. Parmi ces rumeurs, une fut livrée avec la précision qu'elle serait de source sûre. Elle aurait été donnée par le Président du jury, lui-même, à l'un de ses cousins, domicilié à Béoumi et dont la fille compterait parmi les rares admis. Parce que, dit-on, le résultat du BEPC aurait été catastrophique pour la ville de Béoumi, cette année-là. Kouassi entendait, çà et là, ces indiscrétions mais, croyait pour sa part que même si par extraordinaire un seul candidat était proclamé admis, ce serait assurément lui. Il avait cette conviction, non pas, qu'il se croyait forcément plus brillant que tous les autres candidats, mais parce qu'il s'était finalement laissé convaincre que si le Dieu de sa mère avait permis cette épreuve dans sa vie, c'est qu'assurément il voulait se glorifier. De sorte que si le résultat du BEPC lui était favorable, il ne s'en attribuerait pas, lui-même, le mérite mais, verrait en cela la main divine ayant agi en sa faveur.

Aux environs de 17 heures, l'information relative à la proclamation des résultats se propagea dans la ville comme une trainée de poudre. Aux dires de certains professeurs que des élèves approchèrent pour en savoir un peu plus sur ces prétendues rumeurs, l'information véhiculée était avérée. Alors, il aura suffi de quelques minutes pour que chaque coin et recoin de la ville en soit informé. Le lycée, comme il fallait s'y attendre, fut envahi par une cohorte d'élèves et de parents d'élèves soucieux de connaitre les résultats. Kouassi était bien évidemment présent, le cœur en feu, quand à 17 h 30 minutes, retentit du haut-parleur, la fameuse expression consacrée : candidats approchés!

Paradoxalement, nombreux étaient les élèves qui se mirent à reculer. Ce résultat qu'ils attendaient tous depuis des jours et qui les empêchaient véritablement de vivre était maintenant sur le point d'être proclamé et ils en avaient pourtant une peur bleue. Sous la pression devenue insoutenable, certains élèves se mirent à genoux et suppliaient Dieu de leur offrir le précieux sésame. D'autres encore se bouchaient les oreilles ou faisaient d'incessants va-et-vient n'obéissant à aucune logique. A ce moment fatidique, pourtant, Kouassi fut comme apaisé et fit quelques pas vers la personne en charge de la proclamation des résultats. Ladite proclamation se faisant de coutume par ordre de mérite, tous qu'ils étaient, ces élèves espéraient un miracle en leur faveur. Même les plus nuls d'entre eux qui étaient à l'écoute firent le choix de compter, eux aussi, sur la providence. Ils semblaient ignorer cet adage, pourtant, bien connu, qui stipule qu'il faut préalablement s'aider avant qu'en dernier ressort le ciel ne joue sa partition pour agréer ceux qui ont rempli la première condition.

A l'annonce des premiers résultats, des cris de joie transpercèrent le silence, de mise, dans la grande cour du lycée. A contrario, les premières victimes, les plus émotives, fondirent en larmes. D'autres, les plus stoïques firent le choix de se soustraire discrètement de cette masse d'élèves pour s'évanouir, incognito, dans la nature. Dans ce brouhaha, Kouassi entendit prononcer l'intégralité de son nom. Au départ, il crut rêver et était demeuré pantois, le regard hagard. C'est lorsque l'un de ses amis de classe qui avait également entendu aussi son nom et qui s'était jeté sur lui pour le féliciter que le fils de Mo-Houssou sortit de son silence léthargique. Il jubilait comme un fou, scandant à se rompre presque le gosier, le nom du Dieu de sa mère. En effet, il criait à tue-tête cette rengaine : *« Ma mère avait raison. L'Eternel est fidèle! »* Criait-il, littéralement fou de joie. Il n'en revenait pas d'avoir décroché ce diplôme avec le handicap qui est le sien. Aussi, voulait-il que tous ceux qui l'entendaient sachent qu'il devait sa victoire, non pas à ses compétences, naguère, reconnues de tous, mais plutôt à la grâce divine. Cette journée, comme il est possible de l'imaginer, fut inoubliable pour le fils de Mo-Houssou qui en garda un souvenir impérissable.

Les semaines qui suivirent, le nouveau détenteur du BEPC entreprit de passer des concours pour s'insérer dans la vie active. Eu égard ce handicap qui faisait désormais corps avec lui, il était conscient qu'il lui était presqu'impossible de poursuivre de longues études. Une seule alternative se présentait à lui, passer des concours professionnels pour espérer un débouché. Dans cette optique, il entreprit de passer deux concours qu'il réussit avec brio, à savoir, celui d'entrée au CAFOP et celui également du lycée agricole de Bingerville. Mais son choix se porta en définitive sur le dernier cité du fait de la bourse de vingt cinq mille francs CFA qui était allouée mensuellement aux élèves dudit lycée. Ainsi, Kouassi y fit son entrée dans l'optique d'en sortir avec le diplôme de moniteur des productions végétales et animales. Il est vrai qu'il espérait mieux eu égard son quotient intellectuel au-dessus de la moyenne, mais le sort à lui jeter avait, à l'évidence, contrarié sa destiné. Au début, il voulut s'en plaindre à l'Eternel qui semblait l'avoir abandonné. Sinon, pourquoi avait-il permis qu'un aigri lui porta un coup aussi sérieux? Se demandait-il. C'est alors que les propos que lui avait tenu, un jour, sa mère l'habita soudainement :

- Les hommes, ceux qui ont fait le choix d'investir leur foi en Dieu, commettent quelquefois l'erreur de se plaindre des circonstances de la vie qui leur paraissent défavorables de prime abord.

Ils oublient que celui en qui ils ont cru est le maitre des temps et des circonstances et qu'il les déroule, en définitive, en leur faveur, lui avait-elle ressassé.

Kouassi s'était également souvenu qu'il avait donné cette réplique à sa mère et qu'elle en était restée méditative quelques minutes :

- Pourquoi un Dieu qui est si bon permet-il que nous soyons confrontés quelquefois à des circonstances et à des temps difficiles?

Après ce silence qui lui parut une éternité et qui visiblement démontrait qu'elle ne connaissait pas tout de la vie et des actes de Dieu, Mo-Houssou soupira un instant avant de lui donner cette réponse qui n'était pas celle qu'attendait son fils, mais qui lui parut for à propos :

- Je ne me rappelle plus avec précision le verset biblique qui le stipule, mais je sais qu'un verset nous laisse entendre que les choses cachées sont à Dieu et qu'à fortiori les choses qu'il nous fait la grâce de nous révéler sont à nous et à nos enfants. Et bien, je mets la réponse à ta question au nombre des choses qui sont à Dieu.

Et Kouassi de s'écrier :

- O comme je donnerai tout pour que Dieu m'explique la raison pour laquelle, il permet certaines choses terribles dans la vie de ses enfants!

Mo-Houssou qui semblait s'être enfermée à nouveau dans un silence léthargique jugea nécessaire de faire cette adresse à son fils dans le souci manifeste de le contenter quelque peu :

- Ne te tourmente pas avec des choses que tu ne comprends pas encore. Il n'est pas exclu que tu le comprennes plus tard quand le bon Dieu le jugera opportun. Retiens seulement qu'il a formulé pour nous, ses enfants, des projets de paix et non de malheur! Et même si nous sommes amenés à effleurer le malheur, c'est qu'assurément c'est un passage obligé pour nous amener à embrasser un bonheur inédit.

De quel bonheur inédit sa mère faisait-elle allusion? Se demandait Kouassi même s'il avait compris qu'il se devait de compter avec le temps pour le toucher du doigt. Et lui-même de se dire : *« Cela fait belle lurette que ma mère entretient une relation privilégiée avec l'Eternel-Dieu. Certes, elle ne sait pas tout de Lui, mais au moins elle est certaine d'une chose : Dieu est digne de confiance »*. Pour s'en convaincre davantage, il jugea opportun de lui poser cette autre question :

- Dis-moi, N'mo! Dieu t'a-t-il trahi, un jour?

La question de Kouassi qui semblait avoir choqué sa mère lui donna de s'arrêter momentanément, de le fixer d'un regard menaçant, avant de s'exclamer tout haut :

- Eh! Que pareille idée ne vienne plus à effleurer ta mémoire. L'Eternel, le Dieu qu'est venu nous révéler le Seigneur Jésus Christ est tout, sauf, un traite. Ne l'oublie jamais! On peut ne pas comprendre la portée ou le sens de certains de ces actes mais, Il sait, toujours et assurément, ce qu'il fait. En outre, ce qu'il fait concourt nécessairement au bien de ses enfants que nous sommes.

Quelque peu surpris que sa mère hausse la voix pour une question apparemment sans polémique, Kouassi reprit :

- Prétendrais-tu que je me doive de lui faire confiance même quand il permet des choses difficiles à accepter dans ma vie?
- Tu devrais lui faire confiance surtout quand tu te tues à suivre, à la lettre, ses instructions et que néanmoins, l'épreuve et la souffrance semblent te coller à la peau comme une sangsue.
- Serais-tu en train de me demander d'aimer un Dieu qui me ferait quelquefois souffrir?

- Mon fils, Dieu ne fait jamais souffrir un homme. Il peut permettre que Satan l'éprouve mais lui-même s'en garde du fait de sa grande bonté. Oui, tu te dois de l'aimer, malgré tout!
- Malgré tout! S'exclama Kouassi qui fixa sa mère d'un regard curieux.
- Tu comprendras mieux ce que je te dis quand tu deviendras un peu plus grand. Pour l'heure, aime Dieu, contre vents et marées, et fais-lui confiance en toutes circonstances.

Ecarquillant grand les yeux à sa mère, Kouassi reprit :

- Contre vents et marrées! N'est-ce pas trop me demander?
- Jésus ne lui a-t'il pas obéi jusqu'à la mort? S'enquit Mo-Houssou.
- Si, il l'a fait.
- Crois-tu que Jésus soit un être insensé qui ait consenti a accepté bêtement de mourir crucifié?
- Non, pas du tout!
- Alors, si nous sommes ses enfants et qu'il nous demande d'obéir à Dieu même jusqu'à la mort quelquefois, c'est qu'assurément c'est un chemin de rédemption qu'il nous invite à suivre. Obéir à Dieu, quel qu'en soit le prix à payer, est loin de faire de nous des insensés. Bien au contraire, cela nous rend sages et intelligents. Le comprends-tu, mon fils?

Kouassi acquiesça timidement de la tête, sans grande conviction, et poursuivit son chemin. Il n'est point besoin de dire qu'il n'avait pas compris grande chose des propos que venait de lui tenir sa mère. En effet, dans sa compréhension d'enfant, il faut être fou pour aimer, malgré tout, un Dieu que l'on dit bon et qui n'hésite pas cependant à nous faire passer par des épreuves. Toutes choses qui, à l'évidence, sont en totale contradiction avec sa dite bonté.

Chapitre IV : Une vie professionnelle vertueuse et bien remplie

Après deux années de formation à l'école d'élevage de Bingerville soldées par un résultat positif, Kouassi fut muté dans la ville de Bouna, au nord-est de la côte d'Ivoire de même que l'un de ses amis du lycée de Béoumi. Dans le souci d'aborder plus sereinement les premiers mois de leur vie professionnelle, le fils de Mo-Houssou et son compère firent le choix de vivre ensemble. En effet, informés que ce n'est qu'après six mois qu'ils percevraient leur rappel, ils optèrent pour une colocation.

Dans la cours où ils habitaient, une femme les reçut affectueusement. A l'égard du fils de Mo-Houssou, particulièrement, cette dernière, Nandodji, elle s'appelait, lui manifesta un amour quasi maternel. Elle lui faisait régulièrement à manger et se pliait en quatre pour être à ses petits soins. Kouassi était à son aise avec cette femme comme il l'était avec Mo-Houssou, sa mère. A la différence qu'aucun lien de sang ne les unissait.

Cette attention toujours renouvelée de la vieille Nandodji à son égard lui rappela, en définitive, la prière qu'avait formulée le missionnaire américain en faveur de Mo-Houssou : *« Puisse Dieu accorder à vos enfants, à vos petits-enfants, bref, à toute votre progéniture de bénéficier d'autant de largesse et de bienfaits dont vous nous gratifiez en ce moment et ce partout où ils iront à l'étranger!* » lui avait-il dit. N'était-ce pas l'une des concrétisations de cette prière qu'il vivait au quotidien dans cette cour? Se disait-il. Sinon, qu'est ce qui pourrait expliquer que cette parfaite inconnue puisse manifester autant de largesse à son égard? Kouassi et son homonyme étaient, tous deux, de nouveaux fonctionnaires dans la même maison mais, les faveurs de Nandodji étaient, chaque jour, davantage manifestées à l'égard du fils bien-aimé de Mo-Houssou.

En y pensant encore et encore, Kouassi comprit tout le sens et l'impact de cette prière que sa mère eut à élever spécialement en sa faveur lorsqu'il l'avait informé qu'il avait été muté si loin, aux frontières de la côte d'Ivoire et du Burkina Faso, anciennement Haute-Volta : *« Dieu d'amour et de fidélité! Mon fils se prépare à partir au fin fond de notre pays dans une contrée que j'ignore moi-même. Il m'a informé qu'il ne serait payé que dans six mois. Comment vivrait-il, si tu ne lui assure pas de ta bienveillance? Je n'ose même pas l'imaginer. Mais, je sais une vérité : tu es fidèle à tous égards et tu ne laisseras pas mon fils mourir de faim. C'est à Toi que je le confie. Sois son tuteur dans cette ville et prends soin de lui comme tu as toujours su le faire de moi! Ai-je besoin de te dire que c'est un bon fils qui m'aime et qui m'honore? Tu es omniprésent et tu es également omniscient. Tu connais donc mieux que moi-même cet enfant. Béni-le et ordonne également à deux de tes archanges d'assurer, comme tu l'as toujours su le faire pour moi, une protection rapprochée. Merci à l'avance de m'avoir exaucé parce que tu as dit que si nous te prions de croire que nous avons été exaucés et c'est alors que nous le verrons s'accomplir. Merci infiniment et que toute la gloire et tout l'honneur te reviennent!»*

A l'évidence, Kouassi vivait quotidiennement les retombées des prières élevées par le missionnaire et également par Mo-Houssou, sa mère. Certaines personnes seraient tentées d'y voir le fait du hasard. Mais pour Mo-Houssou et son fils, le hasard est assurément une façon détournée de Dieu d'agir en leur faveur dans l'anonymat.

Au-delà des bienfaits de la vieille Nandjodji, Kouassi y voyait la main agissante de Dieu qui avait ainsi fait le choix d'agir incognito par le biais d'une femme qui avait, elle-même, naturellement la main sur le cœur. Ainsi, Kouassi vécut sept mois dans ladite cour aux bons soins de cette femme, généreuse et prévenante, jusqu'à ce qu'il perçoive son rappel et qu'il se prenne une maison plus grande. Ayant fait, en dernier ressort, le choix de partir du fait de l'arrivée de son amie Abouahida. Elle avait dû le rejoindre avec leur nourrisson d'à peine six mois qui se prénommait Atouman. Ainsi, Kouassi en vint à entamer une vie de couple dans cette ville de Bouna où les denrées alimentaires étaient à foison et bien évidemment à prix d'or.

Deux années plus tard, le couple eut un second enfant, une belle fillette à l'image de sa mère. D'un teint lumière à l'instar d'Abouahida, la petite Polati avait ainsi agrandi le cercle familial du couple Kouassi. Tout cela n'était pas fait pour les déplaire, car tous deux avaient véritablement le sens de la famille. Féconde à souhait, Abouahida eut successivement une autre fille et un autre garçon : Amenan et Kouakou. Ainsi la famille vint à s'agrandir pratiquement d'un enfant tous les deux ans.

Après sept années de bons et loyaux services à Bouna, Kouassi fut muté à l'ouest de la Côte d'Ivoire, à Danané, en pays Yacouba. Dans cette ville, une autre fille vint à naitre et augmenta le nombre des enfants à cinq. Ahou, se prénomma-t-elle. La petite était le prototype parfait de la symbiose du couple Kouassi. Elle avait généreusement hérité des traits de beauté les plus raffinés de ses parents.

Après deux années de service à Danané, Kouassi dut solliciter une affectation du fait des problèmes récurrents de santé d'Abouahida dans cette ville particulièrement. A Divo, la ville où Kouassi et sa famille déposèrent leurs valises, ils y passèrent quatre années et eurent deux autres enfants, des garçons notamment : Sialou et Kouassi-Wa-Kouassi. Le premier, le très candide Sialou se nommait comme tel parce que né un samedi. Le second, Kouassi-Wa-Kouassi, portait le nom de son père parce que né lui aussi un lundi. Ainsi, Kouassi et Abouahida en étaient à sept enfants dont quatre garçons et trois filles. Dans ladite ville, le Dieu de Mo-Houssou lui fit grâce en lui offrant une promotion, lui donnant de passer du grade de moniteur à celui d'assistant des productions végétales et animales. Pour une fois, sa fameuse main rebelle, en dépits de ses caprices, ne put réussir à venir à bout de lui pendant le concours professionnel auquel il eut à concourir. Comme quoi, le Dieu de sa mère savait lui faire grâce quand il l'estimait nécessaire pour le déroulement de sa destinée.

De Divo où Kouassi et Abouahida résidaient, ils posèrent ensuite leurs valises à Worofla, une sous-préfecture au centre-ouest de la Côte d'Ivoire où le fils de Mo-Houssou avait été muté comme chef du poste des services vétérinaires de ladite ville. Dans cette ville, malheureusement, Abouahida prit une grossesse qui, après terme, se solda par un mort-né. N'eut été ce fait, la vie de Kouassi à Worofla fut des plus exaltants. Les forêts denses qu'il parcourait régulièrement et joyeusement quand il pouvait se soustraire de ses charges professionnelles lui rappelaient celle de Damdabo avec, Mo-Houssou, sa mère. Bien entendu, il en vint à prendre goût au point où il se trouva un autre hobby pour le moins surprenant : celui de chasseur. Très tôt, à l'aube matinière ou très tard, dans la nuit, Kouassi se payait le luxe de trainer, bien souvent, seul, dans cette forêt noire quasiment vierge en ce temps-là. La preuve, c'est bien souvent qu'il croisait le chemin de félins, de buffles ou d'imposants reptiles de la trempe des Boa. Cet amour singulier qu'il avait pour la nature et pour la chasse, Kouassi voulut le transmettre à Atouman, son fils ainé. Une nuit, usant de son autorité de père, il le contraignit à l'y accompagner. Atouman n'en croyait pas ses yeux de voir son père pénétrer dans cette forêt dense que la nuit assombrissait davantage. Ce jour-là, le fils ainé d'Abouahida effleura, de peu, une crise cardiaque. Suivant son père au pas, il avait tendance à jeter des regards furtifs derrière lui, ayant l'impression que quelque chose ou quelqu'un les épiait. Ces regards intempestifs derrière lui coïncidaient, bien souvent, malheureusement, à des haltes inopinées que se permettait son père pour se faire une idée plus claire de prétendues gibiers qu'il croyait avoir perçu. Alors, Atouman se prenait littéralement la crosse du fusil du fils de Mo-Houssou en plein dans le front. Non satisfait de l'avoir contraint à le suivre à cette partie de chasse et sans faire cas du choc quelquefois sérieux auquel son fils était confronté avec le cross du fusil, Kouassi lui faisait de grands signes de la main pour lui intimer l'ordre de faire moins de bruit. Il était si obnubilé par sa chasse qu'il ne faisait pas attention au martyr que vivait Atouman. Ce fut ainsi jusqu'aux environs de 4 heures du matin ou, visiblement déçu par cette chasse infructueuse, Kouassi dut se résoudre à entrer à la maison. Dans cette optique, il s'engouffra sur une piste qui débouchait sur un cours d'eau. Ne sachant nager, il marqua un arrêt quelques minutes, méditatif. Il hésitait visiblement à prendre le risque de se jeter à l'eau. Aussi, se souvint-il avoir franchi ce cours d'eau pendant une partie de chasse, en une matinée. Il avait retenu, ce jour-là, que la partie de la forêt où il envisageait s'y rendre renfermaient des gibiers de toutes sortes. Alors, il entreprit de passer à pieds ledit cours d'eau. Atouman qui ne savait pas, non plus, nager s'écria soudainement :

- Père! Tu ne vas pas te hasarder à traverser ce cours d'eau à pieds tout de même? Tu sais très bien que ni toi ni moi ne savions nager.
- Crois-tu que je prendrai le risque de le traverser, s'il était profond? J'ai eu à le franchir, de jour, et je peux t'assurer qu'il ne m'arrive à peine aux genoux.

A la chute de son propos, Kouassi mit les pieds dans l'eau et, prudemment, se mit à la franchir. Là, le fils d'Abouahida faillit avoir une attaque cardiaque. Le cours d'eau en question était-il profond? Ne contenait-il pas de vicieux reptiles? Se demandait avec insistance Atouman. Mais l'entêtement du fils bien-aimé de Mo-Houssou à vouloir, vaille que vaille, franchir ce cours d'eau fit comprendre à Atouman qu'il n'avait d'autre choix que d'investir sa confiance en Dieu et traverser cette étendue d'eau dont le calme apparent amplifiait sa peur. Ne dit-on pas qu'il faut se méfier des eaux dormantes d'apparence calme et hospitalière? Mais Atouman n'avait d'autre choix que de l'y suivre. Il redoutait encore plus, en effet, la lugubre forêt qui s'étalait derrière lui. Il lui était préférable de mourir noyé que de se retrouver dans la panse d'un animal de la trempe des carnassiers. Aussi, s'empressa-t-il d'emboiter le pas à son père, apeuré et tout tremblant. S'il était prévu pour mourir noyer en pleine forêt noire, que pouvait-il y faire? S'était-il dit. Mais après avoir franchi une vingtaine de mètres, il réalisa que l'eau lui arrivait effectivement à peine au mollet. Finalement, à mi-parcours du chemin, il comprit que l'eau ne lui arrivait qu'au bas de la cuisse. Il poursuivit son élan jusqu'à l'autre bord où il se remit progressivement de ses émotions. Malheureusement, Kouassi n'eut aucun gibier, ce jour-là, et dut consentir à rejoindre son domicile, certes déçu, mais tout de même heureux d'avoir fait partager à son fils sa passion pour la chasse.

De Worofla où Kouassi passa deux années de sa vie professionnelle, il fut muté à Tengrela, une ville à l'extrême nord de la côte d'Ivoire. Dans cette cité particulièrement, la fibre chrétienne de Kouassi se ralluma. Le fils de Mo-Houssou s'était investi dans la vie chrétienne comme il aurait plu à sa mère de le voir agir. Kouassi vint même à admettre chez lui une cellule de prières qui avait pour objectif, à court et à moyen terme, d'implanter une communauté de l'église baptiste dans ladite ville. L'église de l'alliance que fréquentaient les parents de Kouassi n'étant pas implantée par cette partie de son pays, c'est cette communauté chrétienne que Kouassi et Abouahida avaient intégrée. Le couple s'y adonnait, corps et âme, de sorte qu'ils en vinrent à compter au nombre des piliers de cette église naissante.

Après deux années, à peine, Kouassi, Abouahida et leurs enfants posèrent ensuite leurs valises à Sinémantiali, une ville au nord de la Côte d'Ivoire. C'est dans cette ville que le Dieu de Mo-Houssou lui fit la grâce de lui accorder une autre promotion et ce, à raison. A Worofla où Kouassi était en fonction comme chef du service vétérinaire de cette localité, il prêta main forte au chef secteur de la SODEPRA, la Société de Développement des Productions animales qui était basée à Séguéla, la capitale de la région du Worodougou. En dépit du fait que le fils de Mo-Houssou avait le même grade que ce dernier, il consentit néanmoins à l'épauler comme son encadreur à Worofla où ladite société en était dépourvue.

Cette humilité, qualité majeure de Mo-Houssou dont fit preuve Kouassi retint l'attention des responsables de la SODEPRA. Même si au départ, ils n'en firent pas cas, ils notèrent, dans un lobe de leur mémoire, l'engagement sans véritable contrepartie de Kouassi. Cinq années plus tard, quand la société eut un besoin criard de chef secteur dans la commune de Sinémantiali, c'est à lui que les responsables de la SODEPRA vinrent à penser immédiatement pour ce poste. Le plus surprenant est qu'ils ne requirent point son avis sur le sujet. Ayant été informé de ce que le chef adjoint du projet avait requis sa présence au siège de ladite société à Korhogo, Kouassi répondit à la convocation sans en connaitre la raison. Il avait pensé qu'il s'agissait d'une affaire en rapport avec son travail d'encadreur. Quand il fut en présence dudit responsable, grande fut sa surprise de s'entendre dire :

- Monsieur Kouassi! J'ai le plaisir de vous informer que vous êtes le nouveau chef secteur de la SODEPRA à Sinémantiali. Notre choix ne s'est pas porté sur vous sans raison. Il y a quelques années de cela, vous avez humblement accepté d'aider le chef secteur de notre société à Séguéla en qualité d'encadreur à Worofla, vous, alors chef de poste du service vétérinaire de ladite ville. C'est en reconnaissance de cet acte que nous vous nommons à ce poste.

Ensuite, il prit son téléphone, composa un numéro et donna l'instruction suivante à son interlocuteur :

- Que l'on m'apporte les clés du véhicule destiné au chef secteur de Sinémantiali!

S'adressant par la suite à Kouassi, il lui tendit un document avec la précision suivante :

- En attendant que l'on m'apporte la clé de votre véhicule de fonction, je vous remets votre arrêté de nomination. J'y joins également votre première dotation en carburant qui est de deux cents litres mois. Je vous remets en plus votre contrat d'indemnité mensuel qui sera de soixante quinze milles Francs CFA par mois. Félicitation à vous et bon vent dans vos nouvelles fonctions!

Visiblement pris de cours parce ne s'y attendant point, Kouassi bredouilla quelques mots à peine audible pour signifier sa reconnaissance au chef adjoint du projet. A ce moment précis, la secrétaire fit son entrée, la clé du véhicule de fonction, dans les mains.

- Patron! On vient de me remettre les clés du véhicule du chef secteur de Sinémantiali pour vous.

Monsieur ACKA Pierre se saisit du trousseau de clé et le remit, séance tenante, à Kouassi. Puis, il donna l'instruction suivante à sa Secrétaire :

- Demande au chef du parc auto de procéder à la remise officielle du véhicule de fonction du chef secteur de Sinémantiali que voici.

C'est ainsi que le fils de Mo-Houssou fut embauché à la SODEPRA avec en plus de son salaire de fonctionnaire d'Etat, une indemnité, un véhicule de service et un lot de bons d'essence à lui allouer mensuellement. Le moins que l'on puisse dire, c'est que la situation sociale de Kouassi allait grandement s'améliorer. Il touchait désormais du doigt un autre pas de la grâce de Dieu. N'a-t-il pas, en effet, établi, noir sur blanc dans la Bible, qu'il fait grâce aux humbles et résiste aux orgueilleux? Assistant des productions végétales et Animales de formation, Kouassi avait fait preuve d'humilité en assumant la fonction d'encadreur à la SODEPRA. Son acte, à l'évidence, avait réjouit le cœur de Dieu qui éveilla à la mémoire des responsables de cette structure son souvenir au moment opportun. Tout ceci, comme il fallait s'y attendre, ralluma sa ferveur chrétienne et sa foi en Dieu au grand dam de Satan. Accomplissant son travail avec zèle et probité, Kouassi avait l'estime des éleveurs qui le chérissaient, chaque jour qui passait.

C'est alors que survinrent à nouveau les manifestations pernicieuses de sa main droite rebelle, bien souvent, souvent pendant les visites de terrain de ses responsables hiérarchiques. Un tel témoignage pour un homme de terrain doublé d'un responsable sensé produire des rapports d'activités mensuelles anéantissait littéralement Kouassi. Il ne savait plus à quel saint se vouer, étant donné qu'il avait à maintes reprises crier à Dieu et rechercher des remèdes pour venir à bout de son mal, en vain. C'est alors qu'il trouva un pernicieux palliatif à son problème. Il avait, en effet, remarqué que lorsqu'il s'enivrait à un niveau raisonnable, sa main droite rebelle rentrait, comme par enchantement, dans sa coquille et lui foutait la paix pour un temps. Si l'alcool se présentait comme une alternative efficace contre ce handicap, pourquoi devrait-il s'en priver, surtout si c'était pour l'humilier devant ses responsables hiérarchiques? S'était-il dit. Il semblait avoir omis une autre grande vérité, celle qui stipule que ceux qui sont la prunelle des yeux de l'Eternel sont inscrits, par ricochet, en pole position dans le collimateur de Lucifer. La boisson autant que les femmes sont les instruments privilégiés dont ce dernier se sert comme élément de perdition. En effet, comme celui qui s'adonne à l'alcool est moins disposé à entretenir une relation intime et soutenue avec son Dieu, Kouassi ne fréquentait quasiment plus l'église.

De Sinémantiali à Napié où il fut muté par la suite, Kouassi s'éloigna de Dieu aussi loin qu'il est possible de le faire sans conséquence. Heureusement pour lui, il intégra, quelque temps après, la communauté baptiste de Napié où sa fibre chrétienne resurgie de plus belle. Très actif dans ladite communauté, il s'engagea, corps et âme, à servir son Dieu à son humble niveau. Dans cette ville, son zèle lui donna de voir combien sont des bienheureux ceux qui font le choix de se mettre au service de Dieu. En effet, Abouahida, son épouse avait ouvert, entretemps, un maquis for fréquenté qui lui procurait d'importantes devises suscitant même la jalousie de certaines personnes dans ladite ville. Un acte majeur posé par ces derniers, dans cette optique, fut l'assèchement miraculeux d'un gros acacia implanté sur le site du maquis et ce, en moins de 24 heures. En effet, jusqu'à 22 heures où Abouahida et ses filles se mirent au lit, l'acacia était encore intact avec son abondant feuillage. Pourtant, le lendemain, grande fut la surprise de la maisonnée de constater que l'arbre avait été littéralement asséché. Comment pareil phénomène puisse être amené à se produire? Se demandaient tous ceux qui virent l'arbre en question. C'est alors qu'un homme, coutumier du maquis, élucida cette énigme et en donna l'explication suivante :

- Cet acacia a, assurément, été victime d'un *« Korti »*.

- Un *« Korti » ?* Qu'est-ce que c'est ? S'informa Abouahida.

- Vous ne connaissez pas le *« Korti » ?* S'étonna son interlocuteur. C'est un terrible sort qui est jeté à un individu pour attenter à sa vie. L'effet de ce sort est presqu'immédiat et foudroie automatiquement sa cible. Seulement, la personne qui a l'initiative du *« Korti »* ne doit, en aucun cas, retourner à son domicile avec son fétiche si l'individu ciblé pour recevoir le sort était absent. Dans ces cas-là, il est impératif de le jeter à un autre être vivant, de préférence à un arbre. C'est ce sort que votre acacia a, assurément, subi.

- Si je suis ta logique, le Korti était disposé à quelqu'un en ce lieu? Questionna Abouahida.

- Il n'y a aucun doute sur ce point : un individu, en ce lieu, était bien visé et il a eu la vie sauve parce que certainement absent lorsque le porteur du *« Korti »* était venu accomplir sa salle besogne. Acheva de le renseigner son fidèle client.

Là, Abouahida eut peur et songea sérieusement à la possibilité de sursoir à son commerce. Elle perçut également, à sa juste valeur, la grâce que Dieu venait de lui faire en lui évitant le sort véhiculé par ce *« Korti »* qui lui était assurément destiné, elle, la tenancière dudit maquis. C'est alors que craignant pour sa vie, elle fit le choix d'arrêter finalement ce commerce sur l'instance de son époux. Coïncidence pour coïncidence, la SODEPRA connut la faillite et mit la clé sous le paillasson. Kouassi se devait de retourner au compte exclusif du ministère de la production animale, son ministère de tutelle où il ne percevait que son unique salaire de fonctionnaire de l'état. Dans cette optique, il fut muté à Béoumi, la ville de ses années lycée, la ville où le sort relatif à sa main droite lui fut jeté.

Deux années plus tard, c'est à l'abattoir municipal de Bouaké qu'il fut encore muté pour achever sa carrière professionnelle de fonctionnaire d'Etat, vu qu'il avait atteint l'âge requis pour la retraite. Dans les localités de son pays où Kouassi eut à servir, il le fit avec zèle, abnégation et professionnalisme. Même dans les plus enclavées des localités où il fut muté, Kouassi avait su apprécier, à sa juste valeur, chacune d'elles. Il pensait à raison que si le Dieu de sa mère avait permis qu'il y soit muté, c'est qu'assurément, il y avait des choses à lui apprendre. Aussi, accomplissant son devoir, il ne manquait jamais l'occasion de joindre l'utile à l'agréable. Il lui arrivait de se rendre à la chasse, à l'aube matinière ou de s'adonner à des activités champêtres les jours non ouvrables. Arpentant les forêts quasiment vierges notamment quand il était en fonction dans la région du Worodougou, en ce temps-là. En définitive, le fils de Mo-Houssou eut à poser ses valises dans dix villes de son pays comme agent de l'Etat de Côte d'Ivoire avec tous les risques encourus et tous les plaisirs de la vie vécus.

Chapitre V : Kouassi, le fils de sa mère

A croire que par le biais de la transmission fœtale, Mo-Houssou a eu à concéder une part importante de ses gènes de débonnaire à son fils Kouassi. Sinon, comment est-ce possible qu'un enfant puisse ressembler, à s'y méprendre autant à sa mère? A l'instar de Mo-Houssou, Kouassi n'est effectivement heureux que lorsqu'il se plie en quatre pour autrui. Il ne rechigne à rendre service que lorsqu'il s'en trouve incapable. Dans ce cas de figure, il devient le plus malheureux des hommes de ne pouvoir aider. A l'exemple de sa mère, son bonheur n'émane que du service qu'il rend à son épouse, à ses enfants, à sa famille et à ses semblables. Le fils de Mo-Houssou ne vit, en effet, que dans cette perspective. Sa grande bonté lui a même desservi à maintes reprises. Certaines personnes qu'il a recueillies sous son toit malgré la charge de ses nombreux enfants le regardent aujourd'hui en chien de faïence. Mais dans le fond, il n'en a aucun regret parce que tous ses actes de bienfaits posés n'étaient que d'abord et avant tout destinés à l'Eternel, le Dieu créateur du ciel et de la terre. A l'évidence, les propos de sa mère, parlant des missionnaires pour lesquels, elle avait fait des pieds et des mains pour nourrir étaient encore vivaces en lui : *« Tu sais, je ne reçois pas ces hommes à cause de la couleur de leur peau. Je les reçois parce qu'ils sont des envoyés de Dieu. C'est la raison pour laquelle, je les accueille comme j'aurais reçu, volontiers, leur mandant lui-même ».* Si bien qu'aimer Dieu de tout son cœur et aimer son prochain comme lui-même est devenu son leitmotiv. L'adage qui stipule que le bienfait n'est jamais perdu a aussi bien souvent été bénéfique au fils de Mo-Houssou, à raison. Plusieurs faits, à ce sujet, méritent d'être mis en exergue :

La volte-face du féticheur Douanougbê

L'un des faits qui mérite d'être souligné s'est déroulé dans l'une des dix villes où Kouassi eut à servir, en l'occurrence à Worofla. En effet, assurant l'intérim du chef de poste du service vétérinaire de la ville en question, un agent en fonction dans ladite ville avait fini par s'y accommoder au point de s'y enraciner. Quand Kouassi qui venait d'être muté à Worofla comme chef de poste prit service, il se heurta à l'hostilité de son agent. Aussi, entreprit-il bonnement d'attenter mystiquement à sa vie. Dans cette optique, il se paya les services d'un féticheur de l'ethnie Douanougbê. Le féticheur en question, une fois arrivé, eut un comportement suspect à l'égard de Kouassi et de sa famille. Les résidences des agents du service vétérinaire étant dans la même enceinte, le féticheur traversait, chaque jour, la cour de Kouassi sans même se donner la peine de leur adresser les civilités. Il les dévisageait, le regard perçant. Un jour, alors qu'il s'adonnait à son exercice favori, Kouassi l'invita respectueusement chez lui. Il lui offrit à boire avant d'attirer son attention sur son attitude peu conventionnelle. C'est alors que remarquant visiblement que son hôte avait la main sur le cœur, le féticheur dut se mettre à table et lui avouer la raison de son séjour à Worofla et spécifiquement chez son collaborateur.

- Vu la façon dont vous m'avez reçu en dépit de mon comportement vis-à-vis de vous et de votre famille, je me dois de vous révéler la vérité sur ma présence ici. Cependant, je requiers votre absolue discrétion sur ce que je vais vous dire.
- Ne vous en faite pas, papa! Je sais être muet comme une tombe, lui répondit Kouassi.
- Je me dois de vous avouer que je suis ici en mission pour vous éteindre mystiquement. Mais, je réalise que vous êtes quelqu'un qui ne mérite pas que je lui jette un tel sort pour attenter à sa vie. M'avoir invité chez vous aujourd'hui vous a, assurément, sauvé la vie. Dès demain, je ferai comprendre à mon tuteur que je suis dans l'incapacité d'honorer mon contrat. Après quoi, je m'en irai chez moi.
- Dois-je comprendre que vous renoncez désormais à m'éteindre?
- Oui, je viens, en effet, de le décider. Il y a des choses dans la vie devant lesquelles rien ne résiste : l'amour et la bonté. Je viens d'être désarmé par votre grande bonté. C'est la raison pour laquelle, je vous conseille vivement de ne pas changer. Restez aussi bon que vous l'êtes!
- Merci de m'avoir mis dans le secret des dieux et de ne pas m'avoir lancé votre redoutable sort.
- Certes, moi j'ai rechigné à le faire, mais sait-on jamais! Assurément que mon tuteur coptera quelqu'un d'autre, celui-là, dénoué de tout scrupule pour accomplir sa sale besogne. Soyez sur vos gardes et méfiez-vous, comme d'un serpent, de votre collaborateur. A l'entendre parler de vous, il n'aura de répit que lorsqu'il vous fera passer de vie à trépas.

Ainsi, par le fait de sa vie de débonnaire, Kouassi vint à gagner l'estime d'un dangereux ennemi payé pour attenter à sa vie.

Une attaque de gang avortée

Quatre années plus tard, Kouassi fut muté à Worofla. Dans cette ville, un gang eut à investir un pan de leur quartier pour s'en prendre à certaines personnes perçues comme les plus nanties au fin de les dévaliser. Ces individus opéraient tous cagoulés. A proximité du domicile de Kouassi, l'un d'entre eux entreprit d'y entrer dans l'optique de déloger la famille et les dépouiller de leurs biens les plus précieux. Mais soudain, une voix se fit entendre parmi les hommes cagoulés, dissuadant son compère de surseoir à cette attaque :

- Ne t'avise pas de t'en prendre aux personnes résidant dans cette maison! Le chef de famille est le responsable de la SODEPRA dans cette ville. C'est un homme qui a la main sur le cœur. C'est la raison pour laquelle, je ne me pardonnerais jamais de lui porter préjudice.
- C'est toi qui vois, Kôrô! Dans ce cas, indique-moi les domiciles où j'aurai tout le loisir d'opérer.

Ces propos ont été rapportés à Kouassi, au lendemain de cette attaque, par l'une de ses connaissances qui logeait dans la proximité du lieu ou les assaillants avaient tenu ladite conversation. En effet, réveillé par les tirs de somation, ce dernier s'était cloitré sous son lit, apeuré mais attentif aux moindres bruits dehors. Selon lui, il reconnut la voix familière de l'individu en question. Cet homme, en effet, avait, à maintes reprises, bénéficié des largesses de Kouassi. Son intervention qui valut à Kouassi ainsi qu'à sa famille d'échapper à une attaque confirmait bien l'adage qui stipule qu'un bienfait n'est jamais perdu. Comme quoi, même les pires des individus savent quelquefois reconnaitre les bienfaits à leur égard.

Une solide amitié née d'un bienfait

A Napié où Kouassi servit également, sa bienveillance et sa bonté eurent des retombées à son avantage. Un riche éleveur de bœufs reconnut de tous comme un mystique hors paire, sollicita ses services pour lui venir en aide dans le but de freiner la mortalité presque quotidienne de son cheptel. Malgré le fait que c'était un jour non ouvrable, Kouassi se rendit au ranch de l'homme en question et ausculta son troupeau avant de lui administrer un traitement qui s'avéra for efficace. L'action de Kouassi stoppa la mortalité du cheptel et mieux encore, lui permit d'avoir un embonpoint exceptionnel. Le propriétaire, heureux, voulut le récompenser, mais Kouassi lui fit comprendre qu'il faisait son travail pour lequel l'Etat de Côte d'Ivoire le payait mensuellement. Sa promptitude, son sens du devoir et son honnêteté touchèrent particulièrement l'Homme en question qui garda soigneusement dans un lobe de son cœur, ce bienfait à son égard. Mieux, le vieil homme le prit en amitié. Quelque temps après, ce dernier eut maille à partie avec l'une de ses épouses et entreprit de lui porter main. Cette dernière, ayant entendu, à maintes reprises, son époux parler en des termes for élogieux de Kouassi, courut se réfugier à son bureau. Elle lui expliqua son problème et l'enjoint de demander pardon à son homme. Or, à ce qui se disait dans la ville, personne ne pouvait se hasarder à intervenir quand cet homme en question en décousait avec ses épouses au risque d'être lui-même bastonné. Kouassi savait, assurément, cette réalité mais ne pouvait ne pas prêter main forte à cette pauvre femme qui avait investi tout son espoir en lui pour l'aider à ramener son époux à de meilleurs sentiments. Hésitant au départ, Kouassi prit néanmoins l'initiative de plaider en faveur de sa protégée. Tant pis, s'il devait être bastonné, lui aussi, pour cette raison. Quand il se présenta au domicile du vieil homme et que ce dernier le vit en compagnie de son épouse, il se prit la tête dans les mains et s'écria :

- O que cette femme m'a eu! Elle sait, assurément, que je suis dans l'incapacité de te refuser quoi que ce soit.

Ensuite, s'adressant à elle, il lui dit :

- O femme! Tu as eu le nez creux en mandatant cet homme pour venir me demander pardon. Sinon, tu n'aurais pas oublié de sitôt ce que je t'aurais réservé comme correction. Hélas! Tu sais bien que je ne saurai refuser quoi que ce soit à mon ami.

Enfin, s'adressant à Kouassi, il lui fit cette adresse sur un ton doux et langoureux :

- O mon ami! Ma femme a osé te déranger pour si peu. Je te fais, volontiers, l'économie de ce que tu es sur le point de me dire. Ta seule présence, à mon domicile, suffit à lui pardonner.

Après quoi, il se tut quelques minutes, méditatif, avant de s'exclamer encore tout haut :

- O qu'elle m'a bien eu, cette femme! Il a fallu que ce soit toi qu'elle délègue pour implorer ma clémence.

Kouassi comprit que son ami faisait visiblement violence sur lui pour le contenter parce qu'à l'évidence, il avait du mal à refouler cette colère qui le tenaillait. C'est de cette façon que l'épouse de l'ami de Kouassi échappa bel, ce jour-là. Tout ceci parce que le fils de Mo-Houssou avait, naguère, usé de bonté en faveur de son homme. Comme quoi, l'adage qui stipule que le bienfait n'est jamais perdu est tout sauf des paroles en l'air.

Dans le viseur du chasseur de Worofla

Bien souvent dans les pas de Mo-Houssou quand elle écumait les forêts denses ou s'adonnait à ses travaux champêtres, Kouassi avait fini par tomber amoureux de la nature verdoyante au point où il n'était heureux que lorsqu'il s'y trouvait. En fonction dans la région du Worodougou, précisément dans la sous-préfecture de Worofla en qualité de chef de poste du service vétérinaire de ladite ville, Kouassi ne ratait jamais l'occasion d'écumer les vastes forêts denses que renfermait naguère cette région. Ainsi, très tôt avant l'aube matinière et tard dans la nuit, le fils de Mo-Houssou s'adonnait à cet autre hobby qu'il avait découvert et qui n'est autre que la chasse. Même s'il lui arrivait de revenir quelquefois bredouille de sa chasse journalière, Kouassi ne se laissait jamais gagner par le découragement. En effet, s'engouffrer dans cette forêt dense où il se laissait, volontiers, bercer par le doux charivari des tétrapodes volants et des chants philharmoniques des innombrables insectes qui y vivaient, valait pour Kouassi tout l'or du monde. Quand en plus, il en revenait avec dans sa gibecière, un singe, une biche ou un sanglier, cela représentait à ses yeux, la cerise sur le gâteau. Dans cette optique, Kouassi s'en alla un matin de bonheur dans le but manifeste de surprendre un groupe de singes qu'il avait aperçu la veille, quittant leur dortoir, un gros arbre, au cœur de ladite forêt. A l'approche de l'arbre en question, un singe l'aperçut et poussa un cri strident qui ameuta aussitôt la troupe. Il aura suffi de quelques minutes pour que les singes se volatilisent dans la forêt au grand dam de Kouassi. Mais alors, qu'il se morfondait de regret de n'avoir pas su faire preuve de plus de discrétion, il sentit une présence derrière une touffe d'herbes. Il écarquilla grand les yeux, son fusil sur le point de faire feu. C'est alors qu'il aperçut une grosse antilope sur le qui-vive. Ce qu'il ignorait, c'est que face à lui, il y a avait un autre chasseur qui avait aperçut le même gibier et qui était sur le point de faire feu. Alors qu'il était sur le point d'abattre l'animal, son attention fut attirée par le reflet d'une lumière, à une trentaine de mètres de lui. Son geste brusque pour ajuster son tir avait attiré également l'attention de l'autre chasseur, lui aussi, sur le point de faire feu. Alors, ce dernier se releva brusquement et poussa un cri dans le souci d'alerter Kouassi. Ce qui, il va de soi, alerta l'antilope qui, comme un éclair, disparut dans la broussaille.

C'est alors que Kouassi se releva visiblement sous le choc de l'émotion d'avoir échappé à une mort certaine ou d'avoir failli à un assassinat. Les deux chasseurs firent quelques pas, l'un vers l'autre, dans un silence, à l'évidence, prolixe en parole. Personne des deux n'avait encore dit mot mais leurs regards étaient plus qu'éloquents. *« Nous avons échappé bel! N'eut été la providence divine, l'un de nous aurait perdu la vie aujourd'hui! »* Semblaient véhiculés leurs regards.

Quand finalement, ils en vinrent à se croiser, l'autre chasseur fit un geste de la tête pour le saluer. Ensuite, il lui dit : « *La mort certaine à laquelle nous venons d'échapper est assurément un signe éloquent pour nous faire comprendre que nous devons surseoir à toute chasse aujourd'hui et rentrer chez nous* ». Kouassi acquiesça de la tête avant de lui lâcher ces quelques mots qui en disaient long : *« Je ne te le fais pas dire! Je retourne, de ce pas, chez moi »*. Ainsi, le fils de Mo-Houssou échappa bel à la mort, ce jour-là. Le Dieu de sa mère lui avait, une fois de plus, démontré sa fidélité. Kouassi mit trois semaines avant de reprendre le chemin de la chasse, conscient des risques qu'il encourait à pénétrer cette forêt inhospitalière. Mais passé les trois semaines, il reprit la chasse tout en étant plus prudent et plus attentif.

La rencontre inopinée avec une panthère

Quelques mois après son accident manqué avec le chasseur de Worofla, Kouassi s'en est allé à la chasse de bonne heure. A peine avait-il pénétré la forêt, qu'il prit une piste qu'il connaissait bien pour l'avoir, bien souvent, emprunté. Au détour de ladite piste, il se retrouva, nez à nez, avec une panthère. L'improbabilité de leur rencontre laissa les deux protagonistes pantois. La panthère visiblement apeurée par cette rencontre imprévue s'arrêta net le regard défiant celui de Kouassi. Le fils de Mo-Houssou qui ne s'y attendait point, tenait le fusil sans pour autant l'avoir ajuster. Le temps d'ajuster son fusil pour tirer, le félin aurait toute la latitude de le faire passer de vie à trépas. Il ne pouvait visiblement pas se fier, en premier recours, à son fusil. Alors, il fixa la panthère d'un regard de défiance. L'animal prit une posture qui laissait croire qu'il était sur le point de passer à l'offensive. Les secondes que dura ce face à face furent suffisantes pour Kouassi de revoir tout le film de sa vie. Après quoi, il s'adressa, en dernier ressort, à l'Eternel, le Dieu de sa mère : *« O Seigneur-Dieu! C'est donc dans les crocs d'une panthère que tu as prévu me faire rejoindre mes ancêtres! Pourquoi de toutes les morts douces qui existent, il a fallu que ton choix se porta sur celle-ci pour me reprendre? »* Alors que Kouassi se morfondait dans ses complaintes, l'animal poussa un cri for strident avant de disparaitre dans les profondeurs abyssales de cette forêt lugubre où ils étaient. Kouassi n'en revenait pas. La panthère avait-elle véritablement pris la poudre d'escampette? Se demandait-il. C'est alors qu'il se souvint de ce conseil que lui avait donné l'un de ses amis, chasseurs professionnel, celui-là : *« Si jamais, il t'arrivait de te retrouver nez-à-nez avec une panthère et qu'elle venait à fuir, ne t'avise pas de trainer dans les environs. Les panthères ont cette fâcheuse manie de revenir sur leurs pas pour jauger ce qui les a autant effrayées. Dans ce cas, elles reviennent avec un esprit de conquérant voir d'agresseur ».*

Alors, Kouassi emprunta rapidement le chemin opposé à celui emprunté par l'animal pour se fondre, lui aussi, dans la forêt. Pour une fois encore, l'Eternel, l'avait assuré de sa protection toute suffisante en lui évitant de remplir les panses d'un félin.

Cloitré dans le périmètre bouclé par un gang opérant à Sinémantiali

Une nuit, comme la vie sait quelquefois nous offrir, une scène pour la moins apocalyptique se déroula juste en face du domicile de Kouassi et d'Abouahida à Sinémantiali. Un gang venu de nulle part vint à investir le quartier. Postés à des points névralgiques du quartier, les membres de ce gang firent tomber une pluie de balles sur la ville. Les habitants de ce quartier résidentiel de Sinémantiali, cloitrés et apeurés, chez eux ne savaient à quel sein se vouer. Kouassi et Abouahida dont la résidence faisait face à celle où le gang opérait, la peur était à paroxysme. Chef secteur SODEPRA de la localité, certaines personnes savaient que toutes les fins du mois, Kouassi avaient en sa possession d'énormes sommes d'argent constituant les indemnités de ses agents et les dotations en carburant de tout le secteur. Si les braqueurs frappaient à sa porte pour réclamer de l'argent, pouvait-il leur prétexter qu'il n'avait rien? Prendraient-ils pour monnaie comptant un tel argument? Brandir une telle réponse à ces hommes sans foi ni loi n'attirerait-il pas leur courroux? Autant de question que Kouassi se posait sans en trouver réponse. Quant à Abouahida, son épouse, elle était sur le point de faire une crise de nerfs. Si elle pouvait cesser de respirer, le temps de la présence du gang dans leur environnement, elle l'aurait fait volontiers. Chaque geste que son époux faisait tonnait dans ses oreilles comme un mégaphone fixé à une certaine distance dans le but manifeste d'amplifier le volume. Jamais Abouahida n'avait eu autant peur. A califourchon dans la chambre, elle priait intensément mais surtout silencieusement, suppliant la protection divine, sans pour autant attirer l'attention des membres du gang positionnés dans leur proximité. Voyant son épouse au bout du rouleau, Kouassi entreprit de la tranquilliser :

- Au pire des cas, c'est à notre argent et à nos biens matériels qu'ils s'en prendront. Tout ce que nous avons à faire, c'est d'être coopératif pour éviter de les énerver.

D'un signe de la main, Abouahida lui fit signe de se taire pour ne pas alerter les envahisseurs. La pauvre, elle n'en pouvait plus. La tension était si envahissante qu'elle semblait tutoyer une crise cardiaque lorsqu'elle entendu les cris de secours de la femme de leur voisin de face en question. A l'évidence, elle était brutalisée. A croire que face à la mort, toutes les valeurs morales s'évanouissent. Personne, malgré les liens forts qu'il pourrait entretenir avec son prochain ne veut oser risquer sa vie pour lui. C'est en cela que le sacrifice salvateur du Christ pour l'humanité sur la croix est inédit. Kouassi et son épouse étaient des voisins aimants et attentionnés. Mais pour la circonstance, rien n'avait de valeur que leur vie à eux. La mort est un rendez-vous inévitable qu'aucun Homme ne veut rencontrer. Heureusement qu'il nous prend incognito contre notre gré. Sinon, personne n'aurait consenti à lui ouvrir ses bras. Même les suicidaires se seraient rebiffés à sa vue en prenant leurs jambes à leur cou.

Après un peu moins d'une heure de torture, le gang dut se résoudre à quitter les lieux. Dans un vacarme indescriptif, ils sautèrent dans un véhicule, celui avec lequel, ils étaient venus pour s'évanouir dans la nuit noire, au grand soulagement de Kouassi et l'ensemble de sa famille. Une fois de plus, l'Eternel les avait assuré de sa protection toute-suffisante. Et cependant, les jours qui suivirent, une nouvelle se propagea dans la ville comme une trainée de poudre : l'époux de la femme torturée serait membre dudit gang et aurait fait faux bond à ses acolytes sur le butin d'un précédent coup. Cette visite nocturne quelque peu cavalière de ses collègues n'était nullement un braquage mais plutôt un règlement de compte. L'indélicat voisin eut la vie sauve parce qu'absent cette nuit-là.

Exfiltré du guet-apens d'un groupe de braqueurs sur le tronçon Tioro-Napié

En fonction à Napié où il avait sous autorité, à la fois, les sous-préfectures de Tioro, de Napié, de karakoro et celle de komborodougou, Kouassi était bien souvent sur les routes aqueuses et parfois impraticables de certaines localités dans sa zone de compétence.

C'est bien souvent que son véhicule de type Peugeot bâché 504 s'embourbait sur ces routes, par endroits, très hostiles. Dans lesdites localités, il s'y rendait dans l'optique de toucher du doigt les innombrables problèmes auxquels étaient confrontés les éleveurs, autochtones sénoufos ou sédentaires peuls venus pour la plupart du Mali, de la Guinée et du Burkina Faso.

Accompagné de ses agents, appelés communément encadreurs, Kouassi veillait au bien être de l'ensemble du cheptel présent dans sa zone de compétence. Quand ce n'était pas pour des campagnes de vaccination initiées pour prévenir la peste bovine ou d'autres maladies endémiques, c'était pour des entretiens de tous ordres du cheptel. Il en était de soi parce l'Etat de Côte d'Ivoire ambitionnait atteindre l'autosuffisance en protéine animale. Vu que le pays est fortement déficitaire dans ledit domaine. Ainsi, c'est bien souvent que Kouassi quittait son domicile, au petit matin, pour ne revenir que tard dans la nuit, au-delà de 22 heures. Malheureusement pour Kouassi et ses hommes, les gangs de braqueurs faisaient tout feu de bois dans la région. Ils s'en prenaient régulièrement aux véhicules de transport et n'hésitaient pas à dépouiller ses passagers de leurs biens et notamment de leurs argents. Kouassi n'avait, jusque-là, pas eu maille à partir avec ces indélicats bandits. Un jour, par contre, revenant nuitamment d'un campement de la sous-préfecture de Tioro, il rentrait sur Napié, son lieu de résidence, accompagné de l'un de ses jeunes frères. Ce dernier s'étant joint en définitive à lui sous l'insistance d'Abouahida. En effet, n'étant point dans le repos de voir son homme sillonner, seul, toute cette zone, elle avait insisté pour le faire accompagner.

A quelques kilomètres, après avoir quitté la sous-préfecture de Tioro, Kouassi aperçut un véhicule garé à un carrefour à trois voies dont l'une bifurquait vers Napié et l'autre vers Korhogo. Rien de prime abord d'anormal. Il se pourrait que ce soit un automobiliste dont le véhicule serait en panne. Mais lorsque Kouassi actionna le côte-phare de son véhicule à lui, il aperçut des hommes, au nombre de quatre, armes à la main. Serait-ce des braqueurs ou des agents des forces de l'ordre qui, ayant eu vent des incessantes attaques dans la zone, étaient là dans un but dissuasif? S'il entreprenait de faire demi-tour, il pourrait essuyer des tirs nourris, le temps de sa manœuvre, s'il s'agissait éventuellement d'un gang. Si au contraire, il était question des éléments des forces de l'ordre, il pourrait également subir le même sort parce que suspecté d'être un malfrat qui, craignant d'être épinglé, avait fait le choix de prendre la poudre d'escampette. Que faire? Il fallait prendre, en espace de quelques secondes, une décision. L'option du demi-tour lui paressant plus risqué, vu l'allure à laquelle il roulait, Kouassi fit le choix de poursuivre son chemin. A l'évidence, les braqueurs eux-mêmes, puisqu'il s'agissait d'eux, étaient dans l'hésitation. Avaient-ils affaire aux forces de l'ordre? Se demandaient-ils probablement. Puisque trois d'entre eux s'étaient hâtés de se blottir dans la broussaille, attendant d'en avoir le cœur net. Lorsque le véhicule de Kouassi arriva à leur niveau, ils comprirent que ce n'étaient point des gendarmes mais plutôt un particulier qui passait son chemin. Le temps de sortir de leur terrier pour rejoindre leur compagnon dans leur véhicule, Kouassi et son jeune frère avaient pris une avance considérable sur eux. Alors, s'en suivit une course poursuite sur cette route naguère caillouteuse de Napié. Les fils de Mo-Houssou, Kouassi et Kouadio, invoquèrent la protection de l'Eternel-Dieu face à la menace qui les guettait. Après quoi, Kouassi se sentit plus zen et oppressa encore plus l'accélérateur de son véhicule qui les propulsa telle une fusée. L'écart qui séparait les deux véhicules et qui semblait se réduire changea aussitôt de configuration. Dans le rétroviseur central de son véhicule où Kouassi jetait furtivement le regard quelquefois, le reflet du phare de leurs poursuivants diminuait progressivement de volume au point de ne devenir finalement qu'une petite boule lumineuse. A l'évidence, voyant qu'ils leur seraient difficiles de les rattraper, les poursuivants avaient renoncé à leur sale besogne. Une fois encore, l'Eternel, le Dieu de leurs parents les avaient extirpés du guet-apens de dangereux braqueurs.

Bouaké sous la menace d'une armée de rebelles

Le jour, tel un impitoyable envahisseur, étendait allègrement ses tentacules sur la sympathique ville de Bouaké. Contraint malgré elle à lâcher du lest, la nuit s'évanouissait, un tant soit peu, boudeuse, dans ses derniers retranchements. A l'évidence, elle rechignait à lever son voile lugubre dont elle avait englouti la brave population de Bouaké, le temps de son hégémonie. Quand, finalement, elle daigna disparaitre pour laisser toute la place au sieur jour, son éternel rival, c'est non sans avoir laissé son ténébreux parfum sur la ville. Au contraire des abidjanais plus enclins à être des lèves-tôt, les habitants de Bouaké, calmement mais résolument, pointaient nonchalamment le nez dehors. Quoi de plus normal pour une ville où le temps lui-même ne semble pas très pressé! Mais ce qui, à l'évidence, ne paressait pas usuel dans un quartier comme Ahougnansou et qui laissait présager qu'il y avait nécessairement anguille sous roche, c'était la présence remarquée de quelques voisins, attroupés dans un recoin du quartier et se donnant à des messes basse.

L'un de ces hommes qui voulait probablement montrer qu'il était le plus informé s'écria : *« Au cas où vous ne le sauriez pas, l'information vient de tomber! Radio France Internationale vient d'annoncer que Bouaké serait aux mains des rebelles! » ; « Des rebelles dans le pays d'Houphouët, c'est impensable! »* Intervient un autre. Un troisième individu d'un certain âge reprend : « *Houphouët n'est plus de ce monde et son pays est désormais à la merci de la France. La preuve, cette rébellion qui vient de prendre possession de Bouaké et qui est de leur fait».* Les propos du septuagénaire qui apparut comme un couperet suspendu sur leur tête laissa le groupe sans voix. Un constat se lisait pourtant sur la plupart des visages : la peur et l'inquiétude.

A quelques encablures de là, à Koko, un autre quartier de la ville de Bouaké, un homme avait définitivement perdu sa sérénité. Scotché depuis quatre heures du matin à son poste radio, Kouassi disséquait sur les chaines nationales et internationales, toutes les informations relatives à la Côte d'Ivoire et spécifiquement à cette prétendue rébellion dont la ville de Bouaké serait le théâtre. Quand par moment la réception laissait à désirer, il empoignait son poste radio et déambulait çà et là dans la cour, pour mieux capter les ondes. Quand aux environs de 6 h 30 mn du matin son épouse pointa le nez dehors, c'est l'attitude inhabituel de son homme qui attira tout de suite son attention.

- Qu'as-tu à déambuler, çà et là, dans la cour, le poste transistor scotché aux oreilles? S'enquit-elle.

D'un geste d'autorité de la main, Kouassi intima l'ordre à son épouse de garder le silence pour lui permettre de saisir la quintessence de l'information dont il était à l'écoute. Abouahida obtempéra aussitôt et freina net son élan parce qu'elle avait perçu dans le geste de son époux que quelque chose le troublait manifestement. C'est alors que Kouassi la fixa d'un regard de désolation et lui lança tout net :

- Merde! Bouaké vient d'être pris par des rebelles.
- Que dis-tu ? S'enquit son épouse.
- Le ciel nous est tombé dessus! Les rebelles viennent de prendre Bouaké!
- Comment cela se pourrait? Que fait l'armée? S'enquit Abouahida.
- C'est ce que je m'évertue à comprendre. A l'évidence, si les rebelles sont à Bouaké, c'est la preuve que nos forces ont plié l'échine et pris leurs jambes à leur coup comme des poulets sous la menace d'un épervier.

- Cela ne m'étonne guère! A les voir picoler dans les bistrots jusqu'à perdre le réseau quelquefois devrait nous préparer à une telle éventualité.
- Hélas, la réalité est là, palpable sous nos yeux! Des rebelles au pays du tout-puissant Houphouët! C'est la preuve, si des doutes subsistaient encore, que le vieux est réellement mort.

Que faire? S'écria Kouassi, totalement désemparé. En bon père de famille, c'était à lui qu'incombait la responsabilité de prendre une décision judicieuse pour tous. Il est des moments où le poids de la responsabilité qui pèse sur vos épaules semble se décupler pour vous oppresser encore plus.

Le fils de Mo-Houssou avait visiblement le dos au mur parce que ne sachant quoi faire. D'ailleurs, qu'avait-il à faire ? Devrait-il attendre d'affronter le pire? Fallait-il tout laisser et fuir? D'autant plus qu'une armée de rebelles qui exerce son hégémonie sur un territoire donne nécessairement libre cour à tous les abus les plus inimaginables. Pendant que Kouassi cogitait sur l'attitude à tenir, son épouse l'approcha et lui dit :

- Renseigne-toi auprès des voisins pour confirmer l'information. Si c'est le cas, il nous reste plus qu'à quitter, illico presto, Bouaké. Il n'y a pas une autre alternative.
- Quand Radio France Internationale donne une information relative à une guerre, c'est qu'elle est, assurément, avérée. Je suis d'accord avec toi pour quitter la ville. D'ailleurs, je m'en vais, de ce pas, me renseigner pour connaitre l'itinéraire le plus sûr, à l'heure actuelle, susceptible d'être emprunter pour sortir de Bouaké.
- Je partage ton avis, mais sois extrêmement prudent! Une balle n'a pas d'yeux. Elle coure et se dirige au gré du vent.

Pourtant, à peine acheva-t-elle de parler qu'Abouahida eut fortement à cœur d'accompagner son conjoint. Aussi, lui dit-elle :

- Tu sais qu'à cause de mon problème de poids, il m'est difficile de soutenir une longue distance. Je préfère être avec toi de sorte que si une possibilité s'offre à nous, nous puissions la saisir.

C'est ainsi que Kouassi et Abouahida firent chemin ensemble jusqu'au quartier commerce. Ayant en définitive bifurqués vers le quartier Air France à environ cinq cents mètres, Abouahida commença à se plaindre de douleurs atroces aux pieds. Elle ne pouvait visiblement plus marcher. Fort heureusement, un ami de Kouassi résidait dans les environs. Kouassi lui proposa de l'attendre chez ce dernier, le temps d'être situé sur l'itinéraire susceptible d'être emprunté sans risque. Après quoi, le fils de Mo-Houssou se remit en chemin. Aux alentours du quartier Nimbo, un homme qui détalait comme un lièvre croisa son chemin. Arrivé à sa hauteur, l'homme en question fit un arrêt momentané et l'interpella vivement :

- Monsieur, n'allez surtout pas là-bas ! Des tirs nourris fusent de partout. Vous y risquez une balle perdue.

Aussitôt, l'homme en question poursuivit son chemin, détalant de plus bel. Averti, Kouassi dut rebrousser chemin pour emprunter la voie menant au quartier commerce dans l'optique de regagner son domicile au quartier Koko. Toutes les rues qu'il empruntait étaient quasiment vides. Aucun bruit, ni de véhicules, ni des hommes encore moins des animaux notamment des chiens plus enclins à aboyer en pareille circonstance n'était perceptible. Cette partie de Bouaké ressemblait, à s'y méprendre, à une ville morte. En certaines circonstances, le silence était si pesant qu'il donnait l'impression qu'un être surnaturel, malfaisant, dominait les environs de sa toile morbide. Le danger n'était certes pas apparent mais pourrait avoir plusieurs visages notamment celui d'une perfide balle assassine surgissant de nulle part pour vous ôter la vie. Là, Kouassi comprit que sa vie était menacée et qu'il pouvait la perdre à tout moment. C'est alors que ses souvenirs le ramenèrent à Mo-Houssou, sa mère bien-aimée. Que ferait-elle en pareille circonstance? Elle qui s'était bien souvent retrouvée dans des circonstances quasiment identiques. En effet, dans cette forêt brute et dense de Damdabo qu'elle arpentait bien souvent, seule, il lui était quelquefois arrivé d'être confronté à un silence soudain des oiseaux pourtant bien brouillant les minutes précédentes. Un silence aussi inopiné marque nécessairement les esprits et impose une certaine révérence face à sa majesté. Kouassi le savait pour l'avoir entendu de sa mère.

- Que fais-tu alors, en pareille circonstance ? Avait-il demandé à Mo-Houssou.
- En pareilles circonstances, une seule alternative s'offre à moi : communier avec le seul être suprême pouvant avoir un impact certain sur ce silence, à savoir, l'Eternel-Dieu. Je le prie silencieusement mais avec acharnement, lui rappelant ses promesses à notre égard, nous ses enfants bien-aimés, lui avait répondu sa mère.

Alors, Kouassi se mit à prier L'Eternel lui rappelant ses promesses et notamment celle spécifique contenue dans le Psaumes 91 au verset 7 où le Psalmiste fait mention de la toute-puissance de l'Eternel-Dieu et que Mo-Houssou aimait, volontiers, faire prévaloir : *« Que mille tombent à ton côté et dix mille à ta droite, tu ne seras pas atteint »*. A l'évidence, cette prière élevée avec foi l'avait fortifiée. Il ne se sentait plus vulnérable et croyait mordicus que rien de fâcheux ne pourrait lui arriver. For de ce sentiment, il avançait progressivement mais surtout sereinement. A un détour de son chemin, il croisa celui d'une femme et d'un homme visiblement apeurés qui allaient dans la même direction que lui. C'est alors qu'à un moment donné, l'environnement silencieux et pesant dans lequel Kouassi et ses acolytes de circonstances évoluaient fut brisé par des tirs nourris venus de nulle part. Ils en arrivaient même à entendre le sifflement des balles mais étaient incapables d'en identifier la provenance. Chacun de leurs pas était susceptible de croiser le chemin de l'une de ces innombrables balles qui sifflotaient de toutes parts. Dans cette mouvance, un cri strident se fut entendre ajoutant au tohu-bohu existant. C'était celui de la dame composant le trio de circonstance. En effet, l'une des balles, celle-là manifestement vicieuse, traversa soudainement son sein gauche. L'homme à côté d'elle l'empoigna vigoureusement pour l'encourager à poursuivre, malgré tout, son chemin. L'objectif étant de quitter, illico-presto, le lieu où ils étaient et qui s'apparentait à un champ de tirs. A peine quelques mètres parcourus, l'Homme en question reçut, à son tour, une chevrotine dans le bras gauche. Le cri qu'il poussa, à son tour, renseigna ses compères que le sort venait de le désigner pour être, lui aussi, l'hôte d'une balle. La première victime, la dame, qui saignait abondamment au niveau de la poitrine l'encouragea, à son tour, à avancer.

- O yako! Du courage! Hâtons-nous de quitter cette zone car, sinon c'est notre vie que nous risquons de perdre, lui conseilla-t-elle.

Kouassi était derrière et avançait, craintif, mais priant de plus belle. Le Dieu de sa mère, entendrait-il sa prière? Lui ferait-il grâce en le protégeant des balles assassines qui voltigeaient, çà et là, autour de lui? Cela, il n'allait pas tarder à le savoir. Pendant que ses deux compères se hâtaient de fuir ce champ de tirs dans lequel ils s'étaient retrouvés, Kouassi aperçut, à une dizaine de mètres environ, dans un recoin en bordure de rue, le gardien d'une résidence et son épouse. C'étaient des burkinabés, qui lui firent signe de courir trouver refuge chez eux, le temps d'une accalmie. Au pas de course, le fils de Mo-Houssou les rejoignit dans leur logis. A peine s'y installa-t-il que des tirs encore plus nourris se firent entendre dans les environs donnant le sentiment que deux armées protagonistes se faisaient face et avaient résolu de vider sur l'adversaire, chacun en ce qui la concerne, l'essentiel de leurs chevrotines. Après une trentaine de minute d'échauffourées, le calme se fit soudainement comme si un être d'autorité en avait donné l'ordre. C'est alors que le gardien burkinabé, s'adressant à Kouassi lui dit :

- Les tirs vont reprendre de plus belle dans quelques minutes. Ce silence est imposé à dessein. Les personnes de qui proviennent ces tirs vérifient si des hommes ont survécu à cette tempête de balles et commettront l'imprudence de sortir de leur cachette. Attendez un peu encore avant de vous risquez à poursuivre votre chemin.

A peine s'était-il exprimé qu'une autre tempête de tires, celle-là encore plus violente, s'abattit sur les environs. Alors, fixant le fils de Mo-Houssou du regard, le gardien lui dit :

- Ne vous l'avais-je pas dit? A force, j'en suis arrivé à connaitre le rythme de leur dense macabre.

Et son épouse de renchérir :

- Hélas! C'est notre lot quotidien. J'ai beau demander à mon époux de nous en aller d'ici, il ne fait qu'à sa tête. Son parton lui a confié sa maison, dit-il, et il a décidé de la garder même au prix de sa vie.

Réagissant aux propos de son épouse, le gardien donna à Kouassi ces raisons :

- Dans ma culture, la parole donnée vaut une vie! C'est pourquoi, rien ni personne ne me délogerait d'ici vivant! Asséna-t-il, le regard chargé d'une intense conviction.

Kouassi fixa, du regard, son tuteur de circonstance et se souvint de sa mère. En effet, un dénominateur commun semblait lier autant Mo-Houssou que ce dernier : le devoir. En effet, ces deux êtres, en cela, ont bien un point commun : ils poussent l'outrecuidance de risquer leur vie rien que pour accomplir ce qu'elles considèrent comme un impérieux devoir. Kouassi voguait encore dans ses pensées quand le gardien lui dit :

- Vous pouvez partir maintenant! Mais ne trainez pas trop parce dans quasiment une demi-heure, les tirs reprendront.

Kouassi exprima toute sa reconnaissance au couple de bienfaiteur qui l'avait recueilli momentanément et pria que Dieu les garde sous sa protection toute suffisante. Après quoi, il se lança délicatement dans la rue, rasant les murs et avançant la peur au ventre jusqu'à son domicile. Ayant pris, en définitive, toute la mesure de la situation, Kouassi comprit qu'il était risqué de demeurer dans ce quartier de Koko en plein centre ville avec sa famille. Bouaké, à l'évidence, n'était plus vivable et il fallait absolument la quitter pour éviter le pire. L'exil, malgré son corolaire d'épreuves, lui apparaissait, de toute évidence, comme le moindre mal. C'est alors qu'Abouahida fit son entrée dans la cour perchée sur une moto avec l'ami de Kouassi chez qui, elle avait momentanément trouvé refuge. A peine mit-elle les pieds à terre qu'elle s'écria :

- Kouassi! Les nouvelles ne sont pas très bonnes. Les loyalistes venus d'Abidjan pour nous libérer se seraient repliés. A ce qui se dit, ils ont reçu l'ordre, d'on ne sait qui, de rebrousser chemin.
- Nous sommes, de ce fait, à la merci des rebelles. Vas-y comprendre quelque chose! Renchérit son ami venu raccompagner Abouahida.
- Il n'y a rien à comprendre parce que l'ordre vient assurément de la France. Sans nul doute, c'est elle qui tire les ficelles. Sinon, comment se fait-il que des rebelles triés sur le volet puissent inquiéter une armée aussi puissante et organisée que celle de la Côte d'Ivoire? Les Forces Armées Nationales de Côte d'Ivoire (FANCI), pour votre information, comptent parmi les armées les

plus fortes et les plus aguerries de l'Afrique de l'ouest. Intervint, Kouassi, visiblement écœuré.

- Ma femme et moi quittons la ville aujourd'hui même. A ce que j'aurais appris, le tronçon menant à Brobo serait encore libre. Je vous conseille vivement d'en faire autant parce que cohabiter avec des rebelles, c'est faire le choix d'embrasser le chaos et la désolation. Reprit-il.
- Je ne te le fais pas dire, mon ami! J'attendais Abouahida pour nous mettre en route, sans plus tarder.
- Allons-nous laisser tous nos biens ici? Demanda Abouahida.
- A quoi nous serviraient ces biens si on en venait à perdre la vie? Il vaut mieux parer au plus pressé. Si Dieu nous fait la grâce de survivre, il nous donnera l'opportunité de reconstituer tout ce que nous sommes obligés d'abandonner pour fuir.

Ensuite, empoignant sa moto qu'il démarra en un quart de tour, l'ami de Kouassi s'écria :

- Que Dieu nous protège et nous donne de survivre à cette calamité qui nous tombe dessus!

Après quoi, il éperonna sa moto pour rejoindre les siens. A peine parti, Kouassi et Abouahida procédèrent immédiatement à un tri forcé pour récupérer leurs affaires indispensables : l'argent, quelques bouteilles d'eau ainsi que des documents officiels (Carte nationale d'Identité, extrait de naissance etc.) quelques vêtements et bien d'autres.

Les membres du bataillon de la famille composé de Kouassi, Abouahida, Koffi, Kouassi-Wa-Kouassi et Pikou, le benjamin, chaussés en conséquence, entreprirent le départ de Bouaké. Point n'est besoin d'évoquer l'état d'âme de chaque membre de la famille et spécifiquement de Kouassi et d'Abouahida. Abandonner les acquis de toute une vie en une fraction de temps, avec la certitude de ne plus les revoir sonnait comme un chaos programmé. D'autant plus que nul ne pouvait prévoir ce à quoi l'on pourrait s'attendre sur ce chemin de l'incertitude. Et pourtant, cela semblait le moindre mal face à cette armada de rebelles qui avaient fait main mise sur la ville de Bouaké. La peur dans le ventre et la mort dans l'âme, Kouassi et son bataillon se mirent en route sur le tronçon Brobo-M'bahiakro avec le secret espoir d'emprunter un véhicule pour Abidjan. De toutes les façons, si Abidjan venait à tomber également entre les mains des rebelles, cela voudrait dire que c'est toute la Côte d'Ivoire qui l'était, assurément.

Une fois sortis de Bouaké, Kouassi et son bataillon firent le choix d'éviter, dans un premier temps, les grandes voies au risque de tomber sur des militaires quelles que soient leurs spécificités. Pour la circonstance, blanc-bonnet, bonnet-blanc sont parfaitement identiques au point de ne pouvoir dissocier l'un de l'autre.

A quelques kilomètres de Bouaké, sur une voie non bitumée qu'ils eurent à emprunter, deux hommes dont l'un au volant d'une berline et l'autre au volant d'un autre de type bâché les dépassa sans même prendre le temps de les saluer. Ils pouvaient prêter, volontiers, main forte à Kouassi et sa famille mais ils n'avaient visiblement pas l'intention de se surcharger d'un poids qui les ralentirait encore plus. Abouahida, visiblement exténuée du fait de son surpoids, entreprit de plaider. L'un des deux hommes lui lança, à la volée, cette réponse qui sonnait comme une réprimande :

- Madame! Vous n'êtes pas raisonnable. Déjà que notre cordelette s'essouffle pour maintenir les deux véhicules, vous voulez l'alourdir encore plus pour la rompre! Désolé, nous ne pouvons rien pour vous.

Kouassi qui n'avait de cesse à prier intérieurement, suppliant Dieu de leur venir en aide intercéda de plus bel. A deux cent cinquante mètres environ, la corde, qui reliait la berline au véhicule de type bâché, se rompit. Quand Kouassi et son bataillon arrivèrent à leur niveau, ils s'arrêtèrent pour leur prêter main forte. Le fils de Mo-Houssou leva la tête et vit des fils de lianes qui pendaient d'un arbre. Par le biais de la machette qu'il avait pris le soin d'envoyer avec lui, il coupa quelques lianes avec lesquelles, il relia les deux véhicules. Devant autant de générosité et de dévouement, les deux chauffeurs avaient désormais le dos au mur. Il aurait été très méchant de leur part de ne pas essayer de soulager leurs bienfaiteurs. C'est alors que l'un d'eux proposa à Kouassi de remorquer sa famille jusqu'à la ville prochaine de Brobo. Le fils de Mo-Houssou comprit que Dieu avait permis que la cordelette reliant les deux véhicules se rompt dans l'optique que Kouassi qui connaissait bien la forêt aperçoive des lianes. Avec sa machette, le fils de Mo-Houssou coupa quelques lianes dont il se servit pour relier solidement les deux véhicules. Après quoi, les deux chauffeurs le remercièrent chaleureusement et lui proposa, lui et sa famille, de se joindre à eux. Ainsi, la peine du fils de Mo-Houssou et sa famille fut un tant soit peu soulagée. Ils pourraient désormais rallier la ville de Brobo plus sereinement. Ladite ville appartenant à la zone du pays sous l'autorité du pouvoir établi et basé à Abidjan. Kouassi et les siens pourraient emprunter, alors, un véhicule de transport pour rallier Abidjan et se mettre hors de l'emprise des rebelles. Ils y rejoindraient le reste de leurs enfants qui y étaient en fonction pour la plupart. Par la forces des choses, ils étaient devenus des refugiés livrés à eux-mêmes dans leur pays, sans logis, sans grand moyen. Comme quoi, la vie est quelquefois imprévisible et nous surprend par ses désidératas. Une famille sans problème vivant dans la quiétude la plus absolue est susceptible de se retrouver dans un dénouement total. Rien que parce que des individus, frustrés et mal intentionnés, avaient fait le choix de mettre, sens dessus-dessous, armes à la main, toute une nation.

Pour Kouassi et les siens, c'était, de toute évidence, le moindre mal. L'Eternel, le Dieu de Mo-Houssou, était assurément passé par là.

Rien que pour la vie sauve accordée à toute la famille, lui témoigner son infinie reconnaissance apparaissait à Kouassi comme une absolue nécessité, voire un impérieux devoir. Comme quoi, Mo-Houssou avait bel et bien raison : l'Eternel reste fidèle à tous égards!

Sommaire

Printed by Books on Demand GmbH, Norderstedt / Germany